明日は生きてないかもしれない……という自由

私、76歳
こだわりも諦めも力にして、生きてきた。

田中美津
TANAKA Mitsu

JN153233

インパクト出版会

目次

Ⅳ

はじめに

『いのちの女たちへ』韓国版のための序文　二〇一九年記、私76歳

七〇年代初頭のある日、私は一枚のチラシを書きあげた。「私たち女は本来精神的な存在であるとともに、性的な存在である。それなのに男の意識を通じて、母（子どもを産ませる対象）と便所（性処理に都合のいい対象）とに引き裂かれてきた。そう、私有財産制下の秩序は、女をそのように抑圧することで保たれてきたのだ」というもので、タイトルは「便所からの解放」。

翌日、一人それを抱えて新左翼系の集会に。五〇年近く経った今でもハッキリと覚えている。何人かにチラシを手渡したら、あとは奪い取るように女たちがチラシを取りに来た。次々と伸びてくる手に仰天しつつ、私は思った。「時代を掴んだっ！」と。

『いのちの女たちへ[註]』を書いたのは、それから二一年後のことです。

「女らしさを生きることは、私を生きることにはならない」という身内から湧き上がってくる思い。「男女の別なく多様な生き方ができる世の中」を作っていくとともに、この今、「これが私だ」と思う自分と、私は出会いたかった。

「嫌な男からお尻を触られたくない私」と、「好きな男が触りたいと思うお尻が欲しい私」。「触られたくない」は女共通の怒りだったから運動の大義となった。それに対し、「触られたい」の方は、いわば個人の欲望。大義と欲望――その二つは同じくらい大事。そう思う女たちが、私と共に立ち上がった。

それがウーマンリブと呼ばれる運動であり、その新しさだった。

大義と欲望の両方を肯定するから、時にその間で取り乱してしまう。しかし他の女たちと心を開いてしゃべってみると、「あら、あなたもそうだったの」と思うことが多く、そんな〈個であり、そして面でもある〉という存在が持つ力、その力でもって私たちは自分や世の中を変えていこうとしたのです。いってみればウーマンリブは四五年前に展開された「#Me Too 運動」だったのね。

活動は多彩。中絶を禁止することにつながりそうな法改悪を阻止したり、乳母車ぐるみ乗車できるように規則を変えてもらおうと電車の会社と交渉したり、ミスコンテストに抗議したり、全編喜劇のミューズカル「おんなの解放」を上演したりｅｔｃ。夏には各地で、リブ合宿が開かれた。

しかし、そうこうしているうちに「国際婦人年」となり、日本のウーマンリブは国連のバックアップを得て登場したフェミニズム運動に取って代わられる。そうなった背景には、「生産性の問題」があったか、と。なんせリブの女たちは「嫌な奴には触られたくない」の大義と「好きな人には触られたい」という欲望の、その両方が大事で、社会に訴えていく大義だけで運動していくことを良しとしない人たちだった。

大義だけでは、自分にとって女性解放が建て前になってしまう。あくまで自分の快・不快とつながるものとして世界を把握していきたい……という思いが、リブの女たちには強くあったのです。

しかし、外から見ればわかりやすいのは「セクハラ反対！」とかのスッキリした大義で。わかりやすい運動はメディアも喜ぶし、人にも届きやすいといった意味の生産性からみれば、大義と共に自分の解放にこだわるウーマンリブは当然分が悪く、次第に片隅に追いやられていったのも仕方のないことだったのでしょう。

しかしフェミニズムのことばは、スッキリとしてる分、個々の不安、懼れ、孤独とつながることばとしては弱い。つまり〈個であるとともに面でもある〉という、「私」という存在の全体性を表現するとは言い難い面がフェミニズムのことばにはあるような。『いのちの女たちへ』が今日に至るまで四七年間も読まれ続けてきた裏には、そういったことも関係してるのではないかと思います。

さて、私には長い間執拗に考え続けてきたことがあります。それは「なぜ私の頭に石が落ちてきたのか」ということ。五歳の時に体験したチャイルドセクシュアルアビューズ。幼い私は、それを大人相手のちょっとセクシーな遊びだと勘違いしてしまい、そんな自分を罰するように「私はなんて穢れた子どもだろう」と思い苦しみ、その一方で「どうして私の頭にだけ石が落ちてきたのだろう」と悩み続けた。

石は、私の頭にだけ落ちてきたのでは決してない…と気づいたのは、ベトナム戦争によって心身を傷つけられたたくさんの子どもたちを知った時です。一九五五年アメリカの傀儡でしかない政府を倒そうとして立ち上がったベトナムの人々。運悪くその戦闘に巻き込まれて母を失ったり、足を失ったりした子らが最も知りたいこと、それは「なんで死ぬのが僕のおかぁさんでなければならなかったの？」「なんで爆撃で飛ばされるのが、僕の足でなければならなかったの？」ということ。起きた災難の拠って来る所以《ゆえん》がわかったところで、心は「なぜ？」「なぜ？」と痛みつづけるのだ。「なぜ私だけが……」と苦しんでいるのは私だけではなかった。苦しむ私も個であり、そして面であった。

私の頭に落ちてきた、女は清くあれというバージニティの神話。「清くないということでこの私が価値無き者になるのなら、こんな地球、ぶち壊れたってかまわない！」。そんな激しい怒りで、「女かく生きるべし」の分厚い包囲網を喰い破って解放の旗を掲げた私。他の女たちと一丸となってバージニティの神話を粉砕。しかし「セクシュアルアビューズに遭遇したのが、ナゼ私でなければならなかったのか」という疑問と、そこから生じる孤独は付き合いやすいものになったが、消えはしなかった。

その、問い続けることに意味があるような問いを、私は、一人天に対して発し続けた。

昔は傷ついたベトナムの子どもたちに代わって、「なぜボクなの？」と。そして今はバスが来るのを待っていただけなのに、突然暴走してきた車に撥ねられてしまった幼い子どもたちに代わって、「なぜアタシなの？」と、私は天に問い続ける。

なぜ、石を受け止める頭は私の頭でなければならなかったのか、その子らの頭でなければならなかったのか？

長い長い時を経て、やがて私は答えを手にした。なんと総ては「たまたま」だった。

私が体験したセクシュアルアビューズの悲惨も、ベトナムの子どもから片足を奪った悲劇も、幼児のいのちが一瞬に奪われた出来事も、すべて「たまたま」。

いやそもそも、私たちがこの世に生まれ出たのもたまたまだし、どういう親の元に、どんな性別で、どんな頭脳、才能、容姿ｅｔｃで生まれるかという、生きていくのに最も重要な事柄はすべてたまたまでしかないのだ。

いつか私たちは必ず死ぬ身だが、しかし必ずしも老いた者、虚弱な者から死んでいくわけではなく、ただすべての老若男女は、「明日は生きてないかもしれない」といういのちの真実を共有しているだけである。つまりは死もたまたま訪れる。

生まれるのも死ぬのも「たまたま」な私たち。ヘナヘナと力が抜けそうになるこの真実。

しかしこれには、天の意思としか言いようのない意味が秘められている。すなわち、私たちが等しくたまたまのいのちであるということは、あなたは私であったかもしれないし、私はあなたであったかもしれないということ。そして……。

明日は生きてないかもしれないいのちであれば、今生きているということが総てなんだということです。

今生きているということが総て。鳴いてる虫も，ウチの猫も、アフリカのライオンも、ドジョウも鯨も、どんな美人も、政界・財界の偉いさんも、生きものはみな等しく、明日生きているかどうかわからない。今日生きてる、今生きてるということが総てです。

つまり、いのちはヨコ一列。そして私らはみな、「たまたまな自分」を生きてるにすぎない。いのちが抱えるこの絶対性。そこから見わたせば、そう、あなたは私かもしれないし、私はあなたかもしれないのだ。

つまり私たちは許し合うこと、助け合うことを宿命づけられてる生きものだということです。もし許し合うことなく、助け合うことなく世界を作っていくのなら、その先に待っているのは確かな破滅……。

そうと知った時から、私は余計に思い悩むことを止めた。これからは、一番いい顔で今を生きよう。

「平等」とは私らは等しくみな、「世界で一番大事な自分」を生きているということであり、「自由」とは、「自分以外の何者にもなりたくない」という思いです。明日は生きてないかもしれないのだから、自分の自由と平等をしっかり握って、この今、息深く、あれを見、これに触れ、丁寧に人と付き合って、時に沖縄・辺野古の座り込みにも参加する。二〇歳だろうと七〇歳だろうと、今生きてる、今日生きてるということが総てなんだと、知った時から……

二〇一五年のミラノ万博での話。先進国は競って立派なパビリオンを作ったのに、オランダは草原の上にサーカスのテントのようなものや屋台を三台並べただけだった。人々は草の上に寝そべってハンバーグを食べたりビールを飲んだりしたそうな。あなたは私であったかもしれないし、私はあなたであったかもしれないという世界は、草原に寝そべってお互い気持ちよく手足を伸ばす、そんな解放された関係性を、国を超えてもたらしてくれるのではないか……と、これはまぁ私の願望だけど。

国連による世界幸福度ランキングによれば、日本は毎年順位を下げている。二〇一九年度は、なんと五八位だ。あぁ〜、金持ちの国になるより幸せになりたいよ。

今日もまた、立派なパビリオンより草原の屋台を好む人たちと出合いたくて、私はハリを打ったり文章を書いたり、辺野古で座り込んだりしています。

註　『いのちの女たちへ』は、初版・田畑書店、河出文庫、現在パンドラ発行・現代書館発売。

I

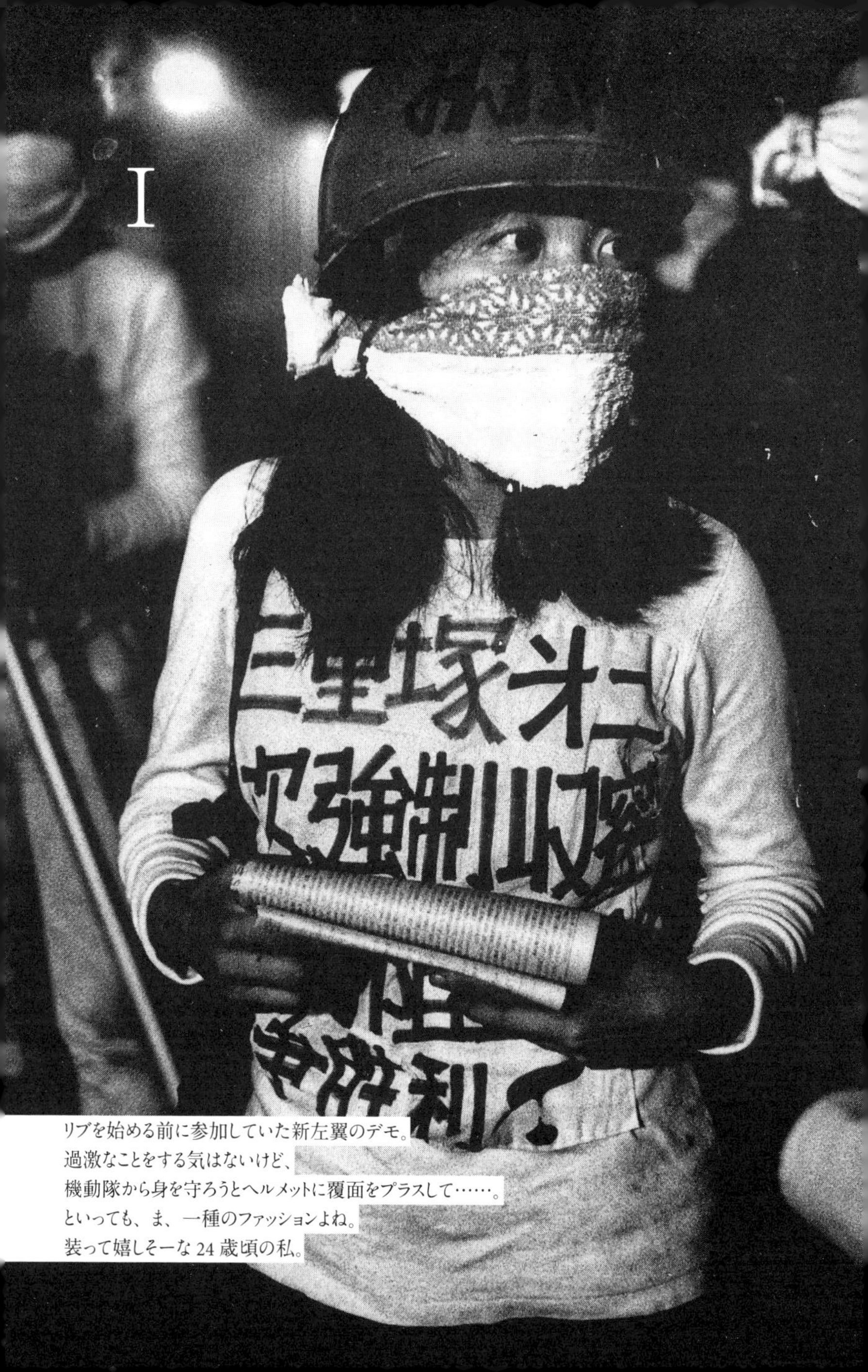

リブを始める前に参加していた新左翼のデモ。
過激なことをする気はないけど、
機動隊から身を守ろうとヘルメットに覆面をプラスして……。
といっても、ま、一種のファッションよね。
装って嬉しそーな24歳頃の私。

変らない私　変っていく私

原題「泣いているヴェトナムのこどもだった頃」『思想の科学』一九八四年三月、私39歳

自転車から、落ちた。雪が降っているのに自転車でなんか飛び出すからよ、と笑われた。そういえばあの時、乗ってすぐに近所の生垣にぶつかって……。あそこでやめときゃいいのに、患者が十時に待ってるって、そのことしかアタマにないもんだから、ソレーッとまた走った。走りながら、今日は自転車が少ないなとチラッと思った。

少ないもなにも、あたしだけだ。でも、よもや落ちるなんて思いもしないから、その瞬間ケゲンな顔で空中を飛んだ私。んもぉ、これじゃ患者を診る前に、自分が患者になっちゃうよ。

猪突猛進、真実一路。この手の女は、あっ、この人だ！　と思ったら間髪入れずにモノにして、よく喋って、笑って、働いて、愛らしい庶民の妻とやらになれたってよさそうなもんなのに……ブツブツブツ。いまだに一人。といってもこどもが居る。リブで未婚の母だなんて、いかにも主義主張を生きてるようで、いつだって少し羞ずかしい。

今日もニコニコ極楽トンボ

先日、保育園に息子を迎えに行った時のことです。玄関で何組かの親子といっしょになった。中の一人の子と目が合った。しごく真剣な顔で彼がいった。

「あのね、ラモンくんのお母さんってヘンなヒトねって、ボクのママがいってたよ」

エエッ？　というか、ムム……というか、とっさのこと思わず目がパチパチ。日頃もしかしたらヘンなヒトなのかもしれないなあと自分自身思わぬでもないけど、こう面と向かっていわれるとネ、ちょっと返事に困ります。

でもあたし以上に困ったのはその子のお母さん、聞かなかったふりしてソソクサと逃げてしまえばいいものを、

「そんなこといわないでしょ！」

「いったよ、ママは」

「婦人民主新聞」一九八〇年九月一二日、私36歳

「あんたの聞き間違いよ」

「ウソだい、ママは自分で言ったくせに！」

時ならぬ親子ゲンカが始まっちゃって、こっちの方がソソクサと逃げ出したくなった。一度帰った子がもどって来て、「おばさん、ゴメンね」って。気にしてないのに、謝まらなくったっていいのに……。

まったくもって年がいもなく、子どもと一緒にヒゲダンスを踊っちゃったりする方だから、そういうあれやこれやをかい間見ていて、かねがねヘンな女だなあと思っていたんじゃないかしら、その子のお母さん。しかもついこの間あたしと彼女のいるそばで、双方の子どもらがつかみ合いのケンカを始めたのだ。むこうは必死でケンカを止めているのに、こっちときたら、おもしろそうな顔でノホホンと見ていた。

子ども同士のケンカは、危険がないかぎり、したいだけさせとく主義だ。それに相手は年長組だから、ウチの子がやられるのは目に見えてたし。この頃彼は母親が近くにいるとイイ気になってケンカをおっ始めるフシがあるから、ちょうどいい薬じゃわいと思って傍観してた。

案の条、あとでラモンは、蹴られた脇腹をさすっていたけど、まあ、そんなことがあって、ついそのお母さん、日頃の確信を深めた思いで「ヘンなヒトねえ」とウッカリ子どもの前で本音をもらしてしまったのだろう。

かくいうあたしも、独断と偏見にかけては人後に落ちない。ソッともらしたつもりの悪口がいつ子どもの耳に入って、似た様な窮地に立たされるかしれたもんじゃない。

で、とある友人に、ねえ、これがあんたの子どもだったらどう対処する？　とたずねてみたら、彼のヒト曰く、

「まずギャハハハと笑ってサ、『すいません、〝ヘンなヒト〟っていったんじゃなくて、〝ヘンな顔〟っていったんです』っていうのはどお？　あらっ、そのお母さんもホントは〝ヘンな顔〟っていったんじゃないの？」

ンもお、ふざけないでよ！

でもそんなことがあったせいで、今はそのお母さんと笑顔であいさつをかわす仲となりました。人間、本当のことをいっちゃうと胸のつかえがおりるのかもね。

どういう人かはだいたい顔みりゃわかるんだから、〝ヘンな顔〟をかくせない以上、ヘンかヘンじゃないかの判断は、あなたまかせの気楽さで、今日もニコニコ極楽トンボ。あんがい、それで通っちゃうんだから、思えば不思議よね。

I

共同通信社配信、一九八一年、私37歳

白い オクスリ

ふろ屋に行ったら、前のアパートの奥さんも来ていて、「ねえ、お宅の隣、引っ越したの知ってる?」っていうから、エエーッ、ホントオ?!って思わず大声を出してしまった。そうかあ、引っ越したのか……。どうりでこのごろ明かりがついていないと思った。「ママ、良かったねェ」。四歳のチビがしみじみとした声色でいうからおかしい。湯ぶねの中で手足を伸ばす。ああ、いい湯だ……。

去年の夏のこと。突然隣の男がわが家の狭い戸口に立って、ものすごい声で怒鳴った。「何度いったら、わかるんかあ!」。黒いズボンと裸の上半身、憤怒に燃えた目、仁王立ちの足――それらが一度に目に飛び込んできた。

ただもうビックリして、キョトンとしているあたしに、いっそう逆上した体《てい》の男は、戸口に積んでおいた新聞紙をつかむと、ハッシ! と投げつけてきた。新聞紙はパラパラと舞い落ち、男は荒々しい足音を残して立ち去った。一瞬の空白。次に恐怖が。あァー、怖かった！

「何度いったらわかるんかあ」といわれたって、子どものたてる音がウルサイと注意を受けたのは、それ以前に一度あるだけ。小さな木造アパートにくっ付いている金属製の階段。それを子どもが上り下りする音がうるさいというのだけれど。音というのは、思いがけない方向に伝わって害をなすものらしい、と知ってはいたけど、階段横のウチより、その隣の部屋により響いていたとは！　そんなこととは露知らず、グズって泣くこともないし、昼間は保育園に通っているから、そんなにうるさい方じゃなかろうと勝手に思いこんでいた。母であれば格別うるさく感じない音も、他人が聞けばまた別だ。スイマセン、気をつけます。恐縮して謝りながら、しかし内心はいささか複雑だった。

このアパートを借りるまでに、実に十五軒もの不動産屋を駆け巡った。子どもが居るの？じゃあその予算じゃちょっと難しいねえ、と次々と断られて、最後にひとつ、やっと〝子供可〟のアパートがみつかった。それがここだった。少し気がゆるんでたんだなあ。両肩に手を置いて、「いい？　そーっとそーっと階段を上ったり降りたりするのよ」と息子には注意。うるさくってスイマセン、子どもが居てスイマセン……。

家に居るときも、必ずカギをかけるようになった。怖かった。一度目は口で注意され、二度目は新聞紙が飛んできて、三度目はナイフでグサリ……なんてね。

以来、目で怒る母になり子どもは声を立てずに泣いた。夜明けに子どもがセキ込むようになった。小児ゼンソクは心因性だ、といわれるとつらかった。でも、考えたらもっと上等な生活をしている家の子だって、コンコンやってるからね。センチメンタリズムは、母子家庭の敵ぢゃ。「戦場」で泣いてるヤツがいるか!

教えもしないのに男と顔を合わせた息子はアッケラカンと、「ボクうるさかったから、オジちゃん怒ったんだよね」と話しかけて相手をタジタジとさせ、あたしはあたしで会えば必ずあいさつを送った。

それからしばらくして、ある夜、どうしても片付けねばならない用事があって、風邪をひいて早めに床に入った息子が寝つくのを待ってソッと家を出た。一時間後に帰ったら、いつもは眠ったら朝まで起きないハズの子が起きていて、「ボクがママぁ、ママぁって泣いたら、隣のオジちゃんが白いオクスリをくれたよ」とうれしそうに告げた。そう、よかったね、と答えながら、風邪薬でも飲ましてくれたんだろうか、と首をひねった。

翌日、果物を持って、きのうはスイマセンでした、と謝りに行った。そして、ついでに尋ねてみたのよね。ギョッ、あれ、睡眠薬なんだって！

四歳の子に睡眠薬とは！　ショックではあったけど、もし火事にでもなってたら、彼が息子を助けてくれたかもしれないのだ、と思い返した。

それ以来、夜は、決して子どもを一人にしない。白いオクスリは、案外ノンキな母親をシュンとさせるおクスリだったのかもしれないね。

I

あきらめない

共同通信社配信、一九八一年、私37歳

暗くなって帰る遊び友だちをその家まで送って行ったり、一人で遠い本屋へ雑誌を買いに行ったりする息子は、ときどきよそのお母さん方から「しっかりしてるわァ」とほめられる。そのたびに「ええ、親がダメな分だけシッカリしてるみたいョ」と答えるあたし。まんざらウソでもないのよ。

彼をメキシコで産んだ後、もとからジン臓が悪いうえに、産後の疲労が重なって、あたしのからだは最悪だった。近所へ出かけても、アパートの四階にあったわが家に辿り着くまで、途中何度も休まねばならず、買い物から帰ってはグッタリ、食事をつくってはグッタリと、一日に何度となくベッドで横にならねば身が持たなかった。

虚弱な母に元気な子、という皮肉な取り合わせで、十一カ月目にはもうトコトコ上手に歩くようになった息子を前にして、一夜あたしは考えた。この体力の範囲内で育児をするとしたら、彼を家からロクロク出さずに育てるしかない。そんなのはイヤだ！　やさしい母親になりたくても、鉛を引きずってるようなからだの不快さが、ともすれば静かにしなさい！やめなさい！　をあたしに連発させる。そんな状態で二十四時間母子で顔を付き合わしていたら、息子はひん曲がる、母は首くくる……ということになりかねない。

善悪の急所だけ押えれば、あとはできる限り彼を自由にしよう。外にも出そう。わが子が持って生まれたであろう運の強さを信じて、彼自身で彼を守ってもらおう。それしかない、と思った。

肉親はむろん、友人も金も体力もなく、一人異国で未婚の母として生きる大変さがどんなものか。それは語って語り切れるものではない。それゆえ、あたしの「決意」の切実さもまた伝え難い。

……あのとき、あたしはきっと空に子供を育ててもらおう、と思ったんだろうなァ。明日はお天気と決っているメキシコの、その屈託というものを全く知らぬげな青空の下に彼を置けば大丈夫、お前さんの子はスクスク育っていくよ、とこの耳にささやく声があった。

二歳前から一人でアパートの階段を上がり下りするようになった息子は、数回軽く転げ落ちたのちに、なんとか階段問題をクリア。一人で階段を降りて、大きな子に混じって、うれしそうに中庭を駆け回る息子。それを四階の手すりにもたれて見守ってるうちに、メキシコの日々は過ぎていった。

彼が三歳のとき、日本に帰って来た。失敗を通じて学ばせる、というやり方は依然続いた。彼を守るのは彼。といっても「気をつけて行くのョ」という一言をいい忘れたために、帰ってくるまで妙に心配でたまらないときもある。

そんな思いまでして、といわれるかもしれない。しかし、ケンカに負けて帰って来て、一言もいわずに悔しさにただ耐えてる彼をみると、わが子とはいえ、もはや母親の立ち入ることのできぬ心の領域をシッカリ持っているのだ。そして今後ますます彼は彼自身で育っていって、あたしはといえば、〝見守る「せつなさ」こそが親である〟という実感を強めていくのだろう……。

「シッカリしている子ね」というほめことばは、ことあたしたち親子に限ってはスグにでも、あんな育て方で大丈夫なの、あれでも親かしら、という非難に変わりそうな、そんなカンジよ。とくに昨今のようにやたらと子どもが殺されているようでは、ね。

覚せい剤中毒者による犯行に目を覆った後は、これまたショックな中学生による通り魔殺人！　こんな物騒な世の中じゃ子どもを一人歩きさせるわけにはいかないと思うのが〝普通〟だろう。

でもよく考えると、覚せい剤中毒の男は親と一緒の子を殺し、中学生は一人歩きの子を殺している。親が一緒であろうとなかろうと子どもたちは殺されているのだ！　この点を見逃してはダメだ。つまり過保護であろうと放任であろうと、今、親たちは一様に〝見守る「せつなさ」〟のなかに封じ込められ、ビクついている。これをとんだ皮肉と笑ってはいられない。

人は生き延びるためには手段を選ばない。弱肉強食をもって成り立つこの社会の重圧は有形無形に人びとに襲いかかり、逃げ場を持てない人々の狂気は弱い者への殺意となって、今後も噴出し続けるだろう。

親たちがどんなに真剣になったところで、わが子ひとりを守りきれぬこの病みきった世の中。それを時代の不幸とあきらめることはあたしにはできない。

I

邪悪なるわが心よ

共同通信社配信、一九八一年、私37歳

あたし実は今、受験勉強中なんです。この春鍼灸師になるために都の検定試験を受けるんだけど、大丈夫かなァ、全然勉強がはかどらない。と、いい加減青くなってるところへ友人からのTEL。彼女、この二、三日風邪でカラダの調子が悪いんだって。

まあ、大丈夫？　あまりムリしないで休んでね、と決まり文句でいたわって電話を切った。切ったあとなんとなく心がハズんだ。コリャまずい、あたしとしたことが。

検定試験というのはいわば卒業試験と同じで、あらかじめ定められた点数以上とれば、全員が合格できる。その点競争相手をけ落とさないとパスしない入学試験などとは性格が違う。お前は一体ナニを喜んでるんだ？

彼女はハリ・キュウ学校のクラスメートで、私より年上の落ちついた人柄。でもね、ふだんは親しくともイザ出陣、となるとスーッと間があいてしまう。備えあれば憂いなしを地で行くお人柄で、大変だ、大変だというから本当に大変なのかと心配すると、いつだってあたしより一歩も二歩も先に行ってる。いい人よ、だけどカワユくないのね。

こういうのがたまにコケルとホッとする。ホッとしつつ外聞をはばかる。

だってよく「識者」がいっているじゃない、受験戦争で子どもたちの心がすさんでしまい、友だちが病気になると勉強が遅れると思い喜ぶ。人の不幸を喜ぶなんて人間のクズだ、世も末だ、と。ああ邪悪なるわが心よ。あたしの心にも悪魔がいる。

いや、まてよ、人間の心にはそもそも悪魔がいるものなんじゃないの。「いつまで弾くかって。そう、私の心に、天使と悪魔がいる限り、弾くよ」。ピアノの巨匠ウラジミール・ホロビッツという人はこんな風にいっている。いつまで生きるかって。そう、私の心に、天使と悪魔がいる限り、生きるよ、とあたしはいい換えてみる。

昔、立て続けに日航や全日空の飛行機が墜落したことがあった。あのすぐあとに、ウチの母は生まれて初めて飛行機で北海道へ旅行するというので、それはそれはずいぶん心配した。

出発の前夜、「もし私が死んだらこの家はどうなる」とかのグチを、あたし相手に一時間以上もいい続ける。いい加減ウンザリ。どうやって逃げ出そうかと算段してたら、フイに晴れやかな顔になって、母はあたしに聞いてきた。「お前、明日北海道へ行かない?」「なによ、私なら死んでもいいの!」と怒ったら、「テヘッ」と笑った。ナンたる親か、とフンガイしたけど、こういう正直で人間臭い親でよかったような気もする。〝うまくいったら自分の手柄、失敗したら他人のせい、苦しいことは大人数、おいしいことは小人数〟ふうな日々を過ごしてるくせに、その口ぬぐって子どもにだけ清く正しく美しくを押しつける親って多いもんね。

薄っぺらなやさしさや、おもいやり。そんな踏み込まず、口あたりがいいだけのやさしい関係は生気が萎る。

学歴社会の重圧をまともにくらって、しかも友の不利は自分の有利と喜べば、ユガミだ、異常だといわれる今の子どもたちは、二重の意味でかわいそうだ。過酷な競争社会に翻弄《ろう》される身であれば、ねたんで当然、ユガんで当然。それなのにねたんではいけない、いけないと思いつつねたむから屈折がひどくなる。怖いのはそこですよ。心身症が待っている。

残酷な分だけやさしくもなれる、という人間の不思議さにみんなが目覚めたら、混乱が起きるかもしれない。でもね、ギマン的で利己的な人間関係に傷ついて心身を病む人があまりにも多い今の世の中は、すでに十分混乱してるんじゃないの。

なにごとも過剰は悪なのだ

共同通信社配信、一九八一年、私37歳

いよいよ春ですね、春。この春にウチの息子は晴れて小学校の一年生坊主になるんです。ルンルンといいたいとこだけど、実はなんだかユーウツでね。

知ってますか、今どきの小学校って学用品や運動靴etcについて、いろいろ細かく指定してくるのよ、公立なのに。

学校がくれた「入学案内」によれば、エンピツはBを使う。ノートは担任が指定するものに限る、運動靴はこれこれでクレヨンは十六色以下のもの。そして女の子はスカート、男の子は半ズボン着用で、ソックスは白くて短いのをはく、ソックスなしはみっともないウンヌン。なんて細かい指示なんだ。

子どもは筆圧が弱いからBがいいのかな。ノートや運動靴、クレヨンの指定もしかりで、長年の経験からくる教育的配慮っていうやつなんだろうとは思うけど、ヘンだなあ。なんでみんな同じようにしなくちゃならないの？

筆箱の中にはHやらBやら不ぞろいに入っていて、Hの硬さやHBの濃さも味わった上で、Bが一番書きやすいって、そんな風に手間ヒマかけて子ども自身が知っていく。そこが大事なんじゃない？　なにごともプロセスあっての結果なんだから。

息子の保育園時代にこんなことがあった。劇の発表会の時、ある六歳児のセリフのいいまわしがかわいくて、見ていた父母たちが思わずクスッと笑ってしまった。でも、その反応に驚いてその子は涙ぐんでしまったそうな。

なんとそれ以来、似たような催しがあるたびに、「子どもたちは一生懸命やってるんですから、見ている親たちはゼッタイに笑わないように」というキツーイお達しがくる。

冗談じゃない、ドッと噴き出したというならともかく、ほのぼのとしたいいフンイキで思わずもれた笑いなのよ。

先生に聞いてみた。「お母さん方が笑うことがあっても、それはあなたたちがかわいかったり、おもしろかったりするんで笑うのよ。笑われたら一層元気な声でガンバろうね」という具合に子どもたちに事前に根回ししておいたらどうでしょうか、と。

そしたら「笑いにもイロイロあるんだ、ということがまだ理解できない。笑われたイコールバカにされた、失敗したと思うものです、子どもたちは」っていうんだよね。

まさか。子どもってもっと利口だわよ。六歳にもなれば、周りのフンイキや笑いにこめられたニュアンスを敏感に感じ取るし、それに万に一つ、親たちの笑い声が子どもを傷つけたとしても、それもまた子どもにとってはいい体験じゃないの？

こういうことがある。あたしは、ハリ・キュウが本職だから、患者をなんとかして治してあげたいと思うわけだけれど、その手の親切心がありすぎるとかえって治療がうまくいかない。病気が治るも治らないも、根本は患者の内なる自己治癒力にかかっている。つまりあたしの役割は後《うしろ》から様子見い見い背中を押してあげる程度のことなのに、親切の度が過ぎて押しすぎちゃうと、うまくいかない。かえって治りが悪くなってしまうのだ。なにごとも過剰は悪である。

心の問題だってそうじゃないの。〝子どものため〟の愛情も過ぎると、子ども自身で育っていこうとする芽を摘みとってしまう。

でも、子どもにはこれがいい、子どもにはわからないと当の子どもをさしおいてウンヌンするゴーマンさは、とかく善意の人には見えにくい。

エンピツはみんなBで、女の子はみんなスカート、そしてみんな笑うな、と平気でみんな、みんなと指示してくる心、その怖さもまた見えにくいから困ってしまう。

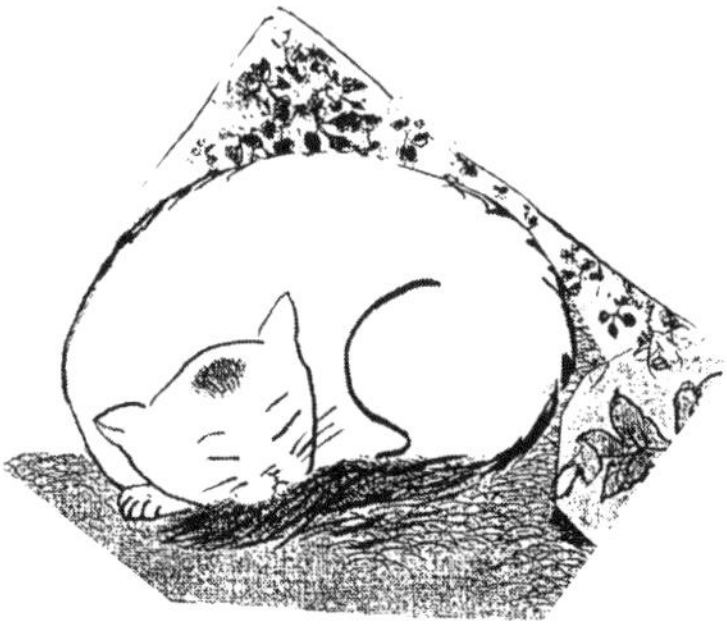

人間キカイじゃないよ

共同通信社配信、一九八一年、私37歳

先日、千葉・三里塚に住む友人がハニーバンタムを送ってくれた。すぐゆでた。みるからにおいしそうな黄色いツブツブ。あっまァーい。母子顔を見合わせて思わずニッコリ。ついでに一言。「トウモロコシって太陽の子どもなんだよ。だって太陽のエネルギーを吸って大きくなるんだもん」。

小学一年の息子はなにやら感じた風で、あごに力が込められる。そう、その調子その調子、よくかんでくださいよ。

この子ときたら、とにかく食べるのが早い。かまずに流し込む。やせ型で、このままいったら胃下垂になるだろうと思われる体型だ。親に似て気だけは強いから瞬発力はあるようだが、持続力に欠ける。俗に男の子は女親に似るっていうから、なにかと心配。心配しつつ、こんなことも脳裏をよぎる。

世の中、カラダが弱いから持てる感受性というものもあって、時にそれは芸術や文化の花を咲かせている。「健全」なる肉体に宿る「健全」なる精神ばかりじゃこの世は不健全。虚弱な人がいるから、それでこの世はバランスがとれている。

いわばカラダが弱いも強いも個性のうちよ。それぞれが相応の枝ぶりで生きてくところに妙があるのだ。それに誰にとっても大事なのは、〝いま、生きてる〟ってことだものね。

心底そう思う。でもまたその一方で、健康であることに越したことはない、とも思っている。カラダが弱かろうと強かろうと人間としての価値は同じだけれど、弱けりゃ人生その分つらい。

体力がないから気力で頑張るしかなくて、そうやって頑張った果てに気力も体力のうちなんだなあ、と天井見上げてせつなく思う……。そういうのが親子二代続くなんて、やだもんね。

だから子育てはカラダ育て。その基本のひとつは食である。「なにを食べるか」と「どう食べるか」の問題です。

息子みたいに早食いでは、いいもの食べても力にならない。なんとか落ちついて、ちゃんとかむことを身につけさせたいと思っているのに、学校給食、あれ今、全国的に二十分で食べなきゃならないことになっている。

少し前に、給食試食会があったから、その時に二十分が適当であるとする根拠はなにかと尋ねたら、「二十分で食べられると思ったから二十分なのです」という答えだった。

しかもうちの学校の場合、「早すぎないように、遅すぎないように」という指示が付いてまわる。人間はキカイじゃない。食べる前から早すぎるな、遅すぎるな、こぼすな、話すな、残さずに二十分で……なんてうるさくいわれたら「だれが食べるか！」というふてくされた気分になって当然。なんだけど、まだまだ小学生はけなげです。

けなげに頑張って、給食がイヤで学校へ行きたくなくなったり、食べたあと必ず気分が悪くなると訴える子がたくさんいる。五分程で食べてしまう子の場合、早すぎるというんで給食が始まっても彼だけはおあずけ。先生が「よし！」と言ったら食べる。でも、そのころはもう死ぬほどお腹がすいているから、五分どころか三分くらいで食べてしまうのだそうだ。

一年生全員が二十分以内で食べ終わるというのはどうにもこうにも無理なので、実際にはやむなく四十分程に延ばしているらしいが、それにしても「早すぎないように、遅すぎないように」と平気でいってくる、その神経がすごいと思う。

ちなみに今年度のわが校の教育目標は〝人間性豊かな児童の育成〟だそうです。

I

もう脅えない

『思想の科学』一九八八年三月、私43歳

この正月に、生まれて初めてスキーをやった。靴と板を着けてみて、重いんでビックリ。ヘエー、世間のヒトってこんなの着けて遊んでたのかぁ……。

「お前は、今日が今日とて具合がいいって日がないんだから」とよく母から言われた。常に腰から下が異常にだるくって、昔はスキーどころか普通に歩くんだって大儀だった。

できることなら一日部屋でゴロゴロしていたい。でも熱や痛みがある訳じゃない。いつも汚れたナベ・皿でイッパイの流しを見ては、どうしてこうだらしがないんだろうと悩み、休日がきても映画ひとつ見に行きたいと思わない自分の無気力さにボーゼンと。

慢性腎炎とわかったのは三十四歳の時だ。そうわかったところでだるさが取れる薬がある訳ではない。もう三六五日、人並みにチャンとできない自分に悩み、ボーゼンとしてきたわけである。しかし、むろん人間は、〝ダメだ〟と〝ボーゼン〟だけでは生きていけない。なんとか無い体力をかきあつめて、無理やりヤル気を起して、ダメじゃない自分に出会っていこうともう必死。遂にはこんな惨めさが続くんなら、こんな地球、ブッ壊れてもいい！とさえ思った。

自立や平等という、いわば理知の世を求めるリブの女が、内部にこんな暗黒かかえていていいんだろうか。誰にだって見られたくない己れはあると思う一方で、なにやら後ろめたかった。でもね、考えてみれば、私にとってウーマンリブの運動は、「このままの私が続くのなら、こんな地球、ブッ壊れてもかまわない」の絶望あってできたようなものよ。

他の人のことはわからないが、私においてはまったくそう。それまでの世界を敵に回すような運動だもの。自分ではなく、世間が良しとする女として生きなければならない絶望と、虚弱がもたらす絶望。その二つの絶望に支えられて、私は起った。

でも「こんな地球。ブッ壊れてもかまわない」と秘かに思う、そんな自分が後ろめたいだけでなく、その自分の激しさが怖かった。

それがどうよ。一心のリブ運動で疲れ果てメキシコへ渡ったら、もう、自分勝手で激しい性格のヤツがゴマンといた。ギョッとなると、一瞬のうちに顔が別人のように変わる人々。「もう決してここには来ないゾ」と捨てゼリフを吐いて、ものの一週間も経たないうちに平気な顔で現れる男。街を歩けば、怒り狂った女をボンネットに乗せたまま車が走り出した。「ロシア人はその一瞬だけに生きていて、過去はないんだ。それであんなに自己破滅的に見えるんだね。きっと一瞬に生きるっていうのは、一番充実した生き方なのかもしれないよ。彼らの芸術は終始、魂の奥底に語りかけているものね」とシャーリー・マクレーンはその著『ダンシング・イン・ザ・ライト』で言っている。あたしは「ロシア人」に「メキシコ人」を重ねて、深くうなづいた。

彼らは自分に正直な分だけ、時に残酷だった。そして残酷な分だけ、やさしかった。歯ごたえのある残酷さであり、やさしさだった。

約束は守らないし、ウソはつく、欲ばりで好色で、図々しいと腹立ちまぎれに指を折って、九までくる。さぁ、あとひとつというところで、……だけどコイツの方が人間らしいな、と思うとそこで全ての欠点が逆転してしまう。もう、まいったな、と日々困惑して暮らして四年半、そして帰国。以来八年経った。

――正月のスキーは、友人たちと行った長野でやった。そこで幾組かの家族に出合った。妻はさほどでもないのに、夫の方が家族やるのに熱心だったり、夫と交代で子守りするハズが、自分だけリフトに乗って行ったっきり戻ってこない、という妻もいた。

〝家族やる〟とは、家族一緒に寝て、起きて、食べ、遊ぶとかの、ほほえましくも心暖まる光景のことである。

ところが普段はさほどに思わないのに、何日か共に過ごして、目の前でズーッと家族されてると、段々とうっとうしく感じてしまうのはどうしたことだろうか。

恋人たちもそうだ。一人が行きたくなければ、もう一人も行かない。熱愛し合ってるんだなと思う反面、束縛し合うのが愛なの？　と、聞きたくなる。

欧米に行くと、あっちは当然カップル文化だ、もう老いも若きもほとんどが二人連れ。それを見て、いつもいつもカップルというのも難儀やで、とつい思ってしまうのだ。仲が睦まじければ睦まじいほど見てると疲れてくる。

これは一緒に歩いていても「美人」とすれ違うたびにふり返ってみる男、一緒でなけりゃもう喜々としてあちこちに色目を使う不実なメキシコ男相手に、いろいろと苦労したせいだろうか。コンチクショウと思うんだけれど、ヤツの、オスとしての正直さは認めなければなるまい。揚句に、そうだ、こっちもイイ男がいたら堂々と見とれてりゃいいんだ、とバカみたいなことに気がついた。悪い男も、時に女の役に立つ。

暗黙に束縛しあってそれが〝愛〟だなんて金輪際錯覚したくない。気持さえそこそこつながっているなら、家族も親子も恋人との関係も、ある時は一緒、ある時は一人というのがいいんじゃないの。

一人ぽっちの淋しさが人を育てる、人を深める。生れたのも一人、死ぬのも一人、しょせん生きるとは淋しいことなのだ。

そしてこの淋しさ抜きに、自由もない。

I

とりあえず自然体

『思想の科学』一九八八年六月、私45歳

息子（小学六年）の担任から手紙が来た。このところ彼は授業中集中力がみられず、また忘れ物も授業にさしつかえる程多いのだという。

まあまあ宿題もやってるようだし、すぐにザセツしてしまったものの、朝三十分早く起きてマラソンしたりしてたから、まさかこんな注意の手紙が来るほど我が子が無気力だなんて思ってもみなかった。

気をとり直して返事を書く。「お手紙をいただいて、私が一番先に思ったことは、私が彼を愛しているということが、果たしてこどもにチャンと伝わっているかということでした。楽天的かもしれませんが、自分が愛されているということを知ってるこどもは、いろいろ紆余曲折はあっても結局は自分をバランスよく育てていくことができる、と思うのです」

いい親かどうかはわからないけれど、あたしはこれでも一生懸命親をやってるつもりである。どんなに夜更かししても、朝はチャンと起きるし、食事は無添加、無農薬のものを使って作っているし、夜はよほどのことがない限り外出しない、いつもこどもと一緒だ。というと、いかにもガンばってるかんじだが、いや実際ガンバッてるのよ、でも――。

朝十時から働き始めて、早くて七時、遅い時は八時、九時まで仕事する。患者さんと笑ったりフンガイしたりしながら楽しく仕事をしてるからラクな仕事かというと、そんなことはない。集中力を欠いては治療にならない。顔は笑っていても、指先には全神経が集中してるのだ。しかも治してやろう、などと熱く思ったら失敗する。「天が下万《よろず》の事には斯《とき》あり……」といった気持ちにまず我がなり、おいおい患者さんにもなってもらって、あぁポックンポックンと進むのが治療というものなのである。なんてえらそうに言ってしまったが、ウチは慢性病専門でやってるからね、そんな具合に倦まず弛まず淡々と治療していくわけね。

この、淡々と、というのはつまり自然体、つまり自分であることが、自分でしっくりしている状態のことだ。そういう状態はなによりも体調がよくないと難しい。頭が痛い時に自然体もへったくれもないのよ。だから、夜外出もせずにこどもと一緒に過ごすといっても、文字通り過ごすだけ。仕事からヨロヨロと帰って、なんとか一汁一菜を整えて一緒に食べるというところでその日の全エネルギーは尽きてしまう。明日コレコレのものを学校に持っていくと聞いても、十分後には忘れてしまう。授業にさしつかえる程忘れものが多いのは、私のせいなのだ。

自分のからだにハリを打ちながら、宿題を教える。教えているうちに大抵親子ゲンカになる。疲れている親は不安なのです。成績は悪いし、からだも弱いし、ファミコンばっかりやってて……とネガティブに、ネガティブに心は動いて、不安な分だけグチャグチャ言わずにはいられなくなる。

医者が治せない病人をひき受けて、身を削っての治療に明け暮れて、しかも低収入でクタクタという、このドロ沼。もっともあたし同様の体力のない者が一人で生きようとすれば、たいていドロ沼にはまってしまうんだよね。だからみんな、そうならないように結婚する。が、それで余計シンドくなる場合も多々ある。

ま、私の場合すぐできることといったら、口元をゆるめて、肩の力だけでもとりあえず抜く。そして笑えることはもれなく笑って、ウソでもいいから明るいフリをして、誰よりも自分自身を元気づけて生きるしかないんじゃないの、当面は。

『モア』や『クロワッサン』ｅｔｃを見ると、ずいぶん見てくれのいい〝自立〟した女があふれている。でもあいうのは絶対うしろに応援団——家事・育児を引き受けてくれる身内等をかくしていて、そのくせ一人で自立してるような顔してるんだ。夫とは長年冷えきった関係でいながら、その夫の稼ぎで豊かにユーガに自立した女してるのも多いし。別にィ、そんな人生でいいんなら、そうしたらァ、と今さら腹も立たないが。ただ、こっちが疲れ切ってる時は、その手のヤカラに目の前をウロチョロされたくないとは思う。

今夜も新聞ひろげたら〝鐘紡〟の主任デザイナーで事業部長、しかも主婦もしているという人が出ていて、人柄はおっとり、悠々、ソフトでエレガント、肩に力が入ってないという四一歳の女性管理職。

このヒト、時に連日十数時間働くが、〝忙しい時ほど外食はさけ、夕食は一度に七つの火を使い、テーブルに五品は温いものを並べ、朝食も五、六皿作る〟のだそうだ。曰く「思うんです。料理のコツは段取りの良さ、そしてこれは仕事にもいえること」。

このヒト、買物、洗濯、掃除も一人でしてるんだろうか。知力、体力ともに〝この世のヒト〟とも思えぬこういう人に限って、「普通の女でありたい」なんて言う。あぁせめてこの手は早死して欲しいよ。

そして「田中さんは有名人だから……」などと言ってくる手合は、あたしの一瞥で気絶する。

クサいパンツは郷愁なのだ

突然ですが、クサくならないパンツって知ってますか。最近「ニオイの元をストップ」「水虫や微生物の繁殖も抑えます」といった宣伝文句で〝防菌・防臭加工〟された靴下や肌着が出回ってるそうな（『自然食通信』十二号）。そういうパンツをはいて、「ふだんから清潔な暮しを心がけるように！」なんていわれると、毎朝一回パンツをはき替える位では不潔なんだと思わされてしまうから不思議です。

でも、このクサくならない「衛生加工」と称する手品のタネは、第四級アンモニウム塩、芳香族ハロゲン化合物、有機窒素系化合物ｅｔｃ。中には発ガン性の疑いがある食品添加物ＴＢＺ（輸入オレンジやグレープフルーツなどの防カビ剤として使われ、反対運動が続けられている）を使用してるものもあるという。

「効果は半永久的」ということは「毒性も半永久的」ということで、この恐ろしい〝衛生

共同通信社配信、一九八一年、私37歳

加工〟は今ではタオルやシーツ、枕カバー、毛布、パジャマ、カーペット、それに子どもの肌着やフキンにまで応用されているそうな。

もはやクサいパンツは郷愁なのだ。バカな！　クサくなけりゃパンツじゃない！　生きてる限り排泄する、というこれ以上当たり前なことはないという位当たり前な生きもののリアリティ。「存在」とは、替えなきゃ臭くなるパンツをはいているあたしたちのことなのだ。

さて、話は一転〝戦争体験〟へ。ここ数年夏になるときまって、〝戦争体験〟が伝承されなくなったという嘆きが浮上。そして〝戦争体験〟の風化こそが、反戦・反核の気運が盛り上がらなくなった原因であるかのように言われている。

が、汚れる、というパンツの現実、その絶対的なリアリティさえ軽く葬り去ろうとしているご時世だ。どこもかしこも、店員の笑顔までが妙に非現実的にピカピカしている清潔第一のハンバーガー文化こそが現実……という若者にとって、〝戦争体験〟はその事実のあまりの悲惨、壮絶故に逆に現実感を持ち得ない絵空事になってしまっている。

困ったことだ。と思う一方で、過去の、膨大な悲劇の集大成に依拠しなけりゃ、戦争にハンタイできないというのなら、こりゃもうダメだとも思う。

どんなに壮絶で過酷な体験であろうと、そこにいたのは、あたしではない。いずれの体験も地獄を生き延びていくとはどういうことかという、凄絶極まる話ではあるが、しかしドストエフスキー読んだって時に絶望に打ちのめされることがあるわけで。というような不謹慎なあたしでも、時に数行の新聞記事に背筋が凍る。

核戦争で生き残って、瀕死のヒトに助けを求められた場合には、「大きな石で頭を殴り安楽死させなさい」という英国の一医師の〝生き残りの心得〟の恐ろしさ……。

〈いつか〉が〈いま〉を喚起する。セミの抜けガラを拾うことも、鶏のフンを見ることもなくなった街を、押し入れに貯め込んでもカビすらはえないパンツをはいて、ノッペリした顔で歩く悲惨。GNP大国ニッポンの豊かさは、たかだかティッシュペーパーを何箱も買い込んで使う程度の豊かさだ。しかもその放埒によって、アジアの森から立木を乱伐し、顰蹙《ひんしゅく》をかっている日本人であることのやりきれなさ。ホント、身捨つるほどの祖国はありや、だ。

いま反戦・反核とは、クサくならないパンツがもたらす事象への想像力であり、生態系の破壊を痛みと感じる心ではないのか。「現に私たちは日々核戦争の『戦前』を生き、それと有機的に結びついた産業戦争、交通戦争、資源戦争、受験戦争、アジアへの経済戦争などの『戦中』を体験している」（栗原彬『戦後平和思想はいま……』）。

手を汚さずに殺っちまう法

I　共同通信社配信、一九八一年、私37歳

秋風が吹きはじめると、なにやら夏が惜しまれる。

風鈴、スイカ、花火にセミの声……。

先日もご町内の盆踊り大会に行って　♪月がァ出た出たァ♪と去りゆく夏をたのしんだ。来年はユカタ姿で踊りたいなぁ。来年も踊れるのかなぁ……。

大韓航空の旅客機が撃墜されたそのすぐあと[註1]だったからね、夏への哀惜の情も、今年はまた特別のものがあるようです。

夏の風物詩、などとはとてもいえぬ夜中のゴキブリ。ああまでイヤらしいともはやご愛敬。その証拠にゴキブリが話題になると、普段無口なヒトまで身をのりだして「この間四匹も殺しちゃったァ」「憎ったらしいのよね、こっちがスリッパ振りあげようとホンのちょっと身動きしただけで、ツツーッと戸棚のうしろに入っちゃうんだから」「ウチの妹

が口あけて寝てたら、ゴキブリが入っちゃってサ」「キャーッ」てな具合に、大変座が盛り上がります。この我らが愛しのゴキブリ君が、いまタイヘンなんですヨ。

彼らはお尻に二本〝尾毛〟と呼ばれる感覚細胞を持っていて、それこそ髪の毛一本落ちても感知するとか。だからああまですばしっこい。

ならばよし、技能、才能というものは要するに使いようだ。あっちに役立つものはこっちにも役立つ。という理屈を地でいくゴキブリ撃退器、その名も恐ろしい「ゴキブリ・ショック」。

仕組みは簡単。特殊超音波を使って〝モノの気配〟を部屋中に充満させる。なまじ高性能な感覚を持ってるがために、あっちへ行ってもモノの気配。こっちに来てもモノの気配の生き地獄。ストレス過重で食欲不振、ソノ気も起きないから子も産まれない。こうなりゃもう夜逃げしかない、と哀れゴキブリ流浪の旅へ。「見ろ！　不正義はかくして滅びる」といいたいところだけど、待てよ、逃げ出したゴキブリは一体どこへ行くんだろう。

と、広告を今一度見直せば――。なんとこの撃退器、三本セットで一万二千円、六本セットだと二万二千円もするシロモノだった。ゴキブリならずともショックです。

ひと口に中産階級ったって、ピンからキリまであるもの。みんながみんなゴキブリのために、一万二万を出費できるわけじゃない。となると、金持ちの家から追い出されたゴキブリ君たちは、一路ビンボー人の家目ざしてゾロゾロ来るってわけ？　つまりあたしのウチへ？　唐草模様のフロシキかついでゾロゾロと。

イヤだ、冗談じゃない。夜になるとガサゴソ始めるゴキブリの不正義は、生物としてのやむにやまれぬ不正義なのだ。超音波を充満させて自分の家から一掃、あとは野となれ山となれの身勝手さ、その不正義とこれは訳が違う。

不埒なゴキブリは隣りの家へ、暴力をふるう子どもは戸塚ヨットスクール[註2]へ。目の前から〝異和〟が一掃されれば一件落着ってか。ちょっと待ってよ、ただ生きていくだけで、ゴキブリは充分〝ゴキブリ的だけど、人間はそうはいかない。

核が一発落ちれば全員犬死。個人なんてあってないような、みんなダンゴで生かされている。そう、そんな時代だからこそ、一対一、個対個の向き合いが、執着が大事なんじゃないの。

お母さん、お父さん、殴りかかってくる子には、全身でむしゃぶりついていこうよ。そして逃げるゴキブリは、やっぱりスリッパでピシャンと叩こうぜ。「個人こそが唯一の現実である」（C・G・ユング）。

（註1）大韓航空旅客機撃墜事件とは、一九八三年九月一日大韓航空のボーイング747がソビエトの領空を侵犯したとしてソ連に撃墜され二六九名全員が死亡した事件。

（註2）戸塚ヨットスクールは情緒障害児の更生に効果があるとして評判になったが、一九七九年から八二年にかけて暴力的な訓練で訓練生の死亡・行方不明事件が多発した。

子育ては一に体力二に体力 怒鳴ったらどなり返して

『婦人民主新聞』一九八〇年九月五日、私36歳

十二歳と十歳になる、二人の男の子を女手ひとつで育てているヒトがいる。誰に対しても親切な、やさしい性格の彼女は、だから難しい年頃を迎えつつある上の子が、時に激しく当り散らしても、大抵ただ黙ってうつむいてやりすごすことが多い。

そのような現場にたまたま居合わせた時など、「ババアのくせしやがって」などと口汚く母親を罵倒する様子に、こちらの方が耐えられなくなる。「ウルサイ！　その靴でイヤならはくな！」と、黙ってる友人に代わって、どなり飛ばしてやりたくてカッカしてくる。気短かな上に、おせっかいなのだ。

帰る道すがら、男の子はムヅカシイなあ、と我子（四歳の男児）のこれからを想って、肩に鬱々としたものを感じたりする。

それにしても、母親たるものが、あのようにやられっ放しというのは、どうしたもの

か。もう少し骨を持ってもいいのではないか。

目には目を、で怒鳴ったら怒鳴り返し、飛びかかってきたら、かなわぬまでも応戦する。一人の人間として子どもを尊重する以上、母親といえども場合によっては、そんな風なガンバリ方をせねばなるまい。

子育てとは、しょせん一に体力二に体力の仕事なのだ。

昔、大人は怖かった、という記憶がある。

小さい子を泣かせたり、危い遊びをしたりしてると、不意にどこからか顔位は知ってるオジサン、オバサンが出て来て、コラッ！と一喝、子どもらは散り散りに逃げた。見当違いの叱られ方をしてくやしい思いを味わったこともあったけれど、不思議とシコリは残らなかった。

いま思えば、大人たちは実に真剣に、迫力をもって、子どもたちの上に怒声を飛ばしていた。そして子どもらは、当然ながら今よりもっと大人たちを恐れ、そして恐れる分だけより濃密に〝子どもだけの世界〟を持っていたような気がする。

先日、区の母子家庭で招待のバス旅行に参加した時のことだ。帰途の車中で、さあ、皆さん、マイクを使ってご自由に、ということになったら、後の方でひとかたまりになって座っていた子どもらの一団が争ってマイクを握り、蛮声奇声をはりあげた。ただでさえ子どもの声ってマイクに乗りにくいのに、テレたりふざけたりして歌うから、聞き苦しいことこの上なし。

こりゃもう耐えられぬ、と思ったから、マイクを貸してもらって「子どもばかり歌ってるのもツマラナイから、まずあたしが歌いますので、大人の方たちはどうぞ続けてガンバってくださいぃ」と〝アピール〟して、〈カスバの女〉を歌った。♪ここは地の果てアルジェリア／どうせカスバの夜に咲く／酒場の女の薄なさけ♪　これ、ソラで歌える数少ない歌なのだ。で、考えることなく歌ってしまったが、歌い終わったら、思いがけなく拍手がわき上がった。と、同時に「子どもに歌わしてやって下さいッ」の声が。

マイクのコードがひっかかってモタついていたら、もう悲鳴に近いような上ずった声で、「子どもに歌わせてェ」と叫ぶ母親もいて、オドロいた。

我が子が楽しそうにしているさまを見てればただ愉し、という親心もわからぬでもないけど、逃げ場を封じられたバスの中で、蛮声を聞かされる他人の身にもなってよ。と言ってもムダか……。

底に毅然《きぜん》としたものを漂わした大人と接することのない日常を、いつの日か時代の不幸として知ることがあるのだろうか、今の子たちは。歌ったのが「カスバの女」じゃ、エラソーなことは言えないが……。

II

長野・信濃平スキー場の、
1泊3食付き800円!の民宿で開いた第1回リブ合宿。
《ためらいや決意ナシにウーンと思いっきり腕を伸ばして、
伸ばした腕が空に溶け込んで自分が〈世界〉になってしまうような、
そんな〈生〉が欲しい。
欲しいィーつとまず叫ぶことから始めようじゃないか、そのためのリブ合宿》、
という呼びかけに応えて全国から300人以上集まった。
寝るところがなくなって廊下にまでゴロゴロと。
写真は、さぁ講座だ、ハナシをどう進めようか……と、
とつおいつ考えながら会場に向かう私、27歳。
小さな参加者と手をつなぎながら。

II

ここにいる私
こだわりも諦めも力にして

原題「〝ここに居る女〟から」『思想の科学』一九九三年四月

私がリブの活動をはじめてすぐの頃、マスコミが取材に来た。取材が終ったあとで、「で、田中さん、お幾つですか」と聞かれ、思わず「二六です」と答えてしまって。ほんとは二七だったのね（笑）。たった一歳のゴマカシ。でも、さすががいい加減な私も悩みましたよ。

悩んで、悩んで、そして開き直った。女は若い方がいいという世の中で育ったら、二七歳という歳を少々引け目に思う私がいて当然じゃない？　歳が何よという私も◯

で、引け目に思う私も◯だ、◯でいい。

セクハラの問題だってそう。お尻に触るような男は×、触らない紳士は◯、みんな触らない紳士になりましょう、っていう◯対×の発想じゃダメ。

いやな男なんかに、もちろんお尻触られたくない。でも好きな男が触りたいと思うお尻は欲しい（笑）。これが「ここにいる女」というものだ。

マスコミから齢を聞かれ一歳少なくごまかした時、「年なんて何よ！」の私と「一歳でも若く見られたい私」の両方で「ここにいる私」だ。

その「私」からリブ運動を始めよう。「もしかしたら今までとは違う女性運動が、自分はできるかもしれない」と、その時、思った。

なにごともからだからの出発

原題「再々度からだから出発」『思想の科学』一九八一年三月、私37歳

むかしライヒがいっていたが

なにがイヤかって、からだの調子が悪いことぐらいイヤなことってない。東洋医学なんかやってて、からだに目が付きかかってるからわかるんだけど、あたしって人間は、もうからだの調子が全てっていい切ってもさしつかえない。

人に道を尋ねるというような些細な行為。でも、からだの調子が悪い時は、向こうから来るヒトを見て、あ、このヒトは意地が悪そうだとか、このヒトは聞いても知らないじゃないかなどと勝手に推測してはやり過ごす。それが調子いい時なら、尋ねようと思うと同時に声をかけてる。そういう時に出る声は弾みがあって我ながらカンジが良く、そのせいか相手も気持よく応じてくれる。

息子に対してだってそう。デンジピンクやオジャママンに変身自在、こんなママ居るかよオと彼にうれしい悲鳴をあげさせる時は、ムロン調子のいい時で、悪い時ときたらパン屑を散らかしたというようなケチな理由で、顔中目と化すド迫力。

むかし〈人間の意識構造の核心は性である〉とW・ライヒが言って、フムフム、ナルホドと思ってきたけれど、我が意識構造はどうも性より睡眠時間や食欲、疲労の度合などにより深く規定されてあるようだ。

彼は性の快楽に心おきなく身をまかせることの重要性をしきりに云々してるけど、メシが旨く食べられないで、何が性の快楽かってところがあるよ。ライヒって胃腸の丈夫な男だったんじゃないの。

ライヒだけじゃない。解放理論というものは、そもそも「健康者」によってつくられてきた……ノデハナイカ⁉　もしくは「不健康者」の、怨念と化すばかりの不快感、その暗い情念を溶き混ぜて描かれた作品としてあった……ノデハナイカ⁉　そういったことは、解放理論なるものに常にまとわりつく、不完全性の問題を解くひとつの鍵……ナノデハナイカ。

話をライヒに戻せば、彼の考え方には、純潔や処女性に関する幻想がハッキリ否定されており、そういう意味では彼はあたしたちの頼もしい味方だった。しかし一方で、彼の理屈は

〈性解放がもたらす男との〝いい関係〟〉という、ないものねだりの焦燥をもたらしていった。

未だ見ぬ己れを求めて

と、ここで話は早くも一転。先日ね、例の「クレイマー・クレイマー」[註]という映画を遅ればせながら見たのです。筋を散々聞かされていたせいか、あんまりおもしろくなかった。枝葉末節が気にかかるのね。たとえば、妻に突然去られて、男は仕事と家事と育児にてんてこ舞いする。象徴的に、皿を洗う場面が何度か出てくる（ここぞとあたしは鋭い一瞥）。ムムッ、いつ見ても台所はキチンと片づいているゾ。寝室然り、居間然り。フーン、ちょっと原稿でも頼まれりゃ、もう台所は汚れた皿でイッパイ、洗濯も中途でほったらかしというような奴とは、こりゃ人間のデキが違うわい。

　子どもにキチンと食事をさせ、学校に送り迎えし、絵本を読み聞かせ、休日は公園で遊ばせ、ムロン仕事も精一杯励み、時には「情事」にも憩う。そんな八面六臂のムリがたたって、会社をクビになるが、しかし子どもを手離そうとか、家に子守りを置こうなどの弱音は一度だって吐かない。今日の今日まで、まったく家事・育児を妻まかせにしてきた男とはとても思えない。ジョン・ウェインがひと昔前のスーパーヒーローを演じたとすれば、ダスティン・ホフマンはまぎれもなく現代のそれを演じている。

つまりこりゃ〝どこにも居ない男〟だわ。だからこそ彼は疲れを知らない。精神的打撃から不眠や神経性下痢症に陥ることもない。故にその精神は常に「健全」だ。例えば、子どもの引き出しの中に、片づけたハズの妻の写真を見つけると、それを元のようにテーブルの上に置いてやる。彼は自分の感情で、子どもの心を引き裂いたりしない。妻への憎しみを子どもに吹き込む、などという無残な愚かしさとはもとより無縁だ。お前がいるからパパは飲みにも行けないなどと勇者はグチらない。

子どもを奪い合う裁判の席上、彼は仕事一途で家事も育児も手伝わず、妻が仕事に出ることを許さなかった「横暴」な夫として断罪される。このあたりウーマン・リブの主張そのものと思う人もいるだろう。

しかしもし男がもっと家庭的でよく家事・育児を手伝い、妻が外で働くことにもイヤな顔をしない男だったら、女は家を飛び出さずにすんだか……といえば、答えははっきりノーである。

大体この男、「浮気」した訳でもなく、金を女房に渡さなかった訳でも、暴力をふるった訳でもない。妻子をマジメに愛していた。仕事の虫だった、というのがいわば最大の欠点。世間にはこの男より悪い男がゴマンといるよ。にも関わらず他の誰でもない、この男が妻に逃げられたのだ。この設定はおもしろい。

つまり男がどの程度にイイ男なのかということは、この際問題外なのだ。なぜならホレた男の気の行くところ、目の行くところに自分を置き続けて、自分が本当に望む身の置き所がわからなくなってしまった女の、その存在の空虚を問題にしているからだ。

いい夫であろうとなかろうと、女たちは未だ見ぬ己れを求めて勝手に飛び立っていくのだという、これは時代を見ぬいた警告でもある。

そう、この世で一番大切なことは、〝どうしたら自分が自分のものになるか〟ということであり、それを知ってしまった者たちは一度妻としての皮や、母としての皮を脱ぎ捨てて、その裸の己れを一人世界に向けて屹立させていく以外に生き返していく道はないのだ――。

〝自分を自分のものにする〟こと抜きには、他の誰とも〝いい関係〟をつくれない。そのことに気づかずに母でございい、夫でございい、恋人でございいとその存在を強調すればする程、〝二人だからさらに孤独〟の寂しさ、無残さに打ちのめされていく（映画の女は絶体絶命の涙で叫ぶ、「私はダメなのよ！　いい母親になれないの！」。それは、目覚めた女のエゴなんかじゃ決してない。

「幸せな家族」幻想に追いつめられた女の、ギリギリの誠実さだ）。

快食・快眠・快便のからだがありゃ

自分を自分のものにして、自分自身と〝いい関係〟をつくる。それは自分のからだと〝いい関係〟をつくるということだ。

ライヒも似たようなことを言ってはいる。すなわち〝自分のからだに起こったコーフンと最もよくコミュニケートできる者が、最もよく他者に関わり得る〟と。彼は性のオルガスムスを通じての自己確立を呼びかける。そしてあたしは快食・快眠・快便を通じてのソレをここに提起するのだ。

なぜなら、ライヒのオッちゃんの言うことは決して間違いじゃないいんだけど、セックスっていうのは相手あってのものだから、そこに限界があるんだなあ。一般に女たちが変わることを欲する程には、男たちはソレを願っていない。わかったフリしてる裏で、根深くメンツや男らしさにこだわってる男たち。いくらホレていても哀しいかな、そういう男を相手にしてたんじゃゃ、肉の喜びは体験できても、魂の喜びまではムリだ。

それでも私以外にはホレ手がなかろうと、トコトンダメな男にホレ切ってみれば、またそこで視えてくるものもあるだろうけど、傷つかず旨いもの喰おうとしてる人が多いからね。いつまでも〝未だ見ぬ己れ〟を〝未だ見ぬオルガスムス〟にダブらせてあこがれてるだけで、それ故、〝男によって満たされる女〟幻想から真に解かれることがない。なぐさめ、励まし、おだてあげ、辛抱強くいつの日か手持ちの男を真にイイ男にするっていう道も、あることはある。セックスのオルガスムス以外に人生のオルガスムスはないと思ってる女はそうすればいいだろう。あたしはイヤだ。

そう、一度トコトンしようもない男にホレて、ゲップが出る程女の天国・地獄を視てきたからね、もう今はすごくシビア。日本の男はほとんどがマザコン。そういう頭《オツム》がフニャチンの男は、もう相手にしないの。ヘンに同情しないの。〈メンツ〉のオムツに、〈甘え〉のオシャブリを離せない男は勝手にそうしてたらいい。過保護は男のタメならず。所詮、女は男の弱味を見つける度に大きくなってく生きものなのだ。女の野性よ、甦れ！（『じゃりん子チエ』（双葉社）を一巻から八巻まで一息に読んだばかりだから、自然こういうカンジに）。

冗談はとにかく、イイ男がいなくとも、コレという仕事に就いていなくとも、快食・快眠・快便のからだがありゃ、いつだって勝負はこれからだ。男は冷えた手足を暖めてくれても、心の冷えまでは暖めてくれぬ。ところがホントに冷え症が治ると、心まで元気づいてくるからフシギ。これが自分の性格と思い込んできたことのほとんどが、実はからだの調子に他ならなかったという事がわかってくればシメたもの……なんだけど。からだの問題ばかりは実際に息を吸ったり吐いたり触ったり曲げたり食べたり食べなかったりと、いろいろ自分でやってみなくちゃね。体調しだいで変化する自分に気づいて、気持ちいいからだと心をとり戻そうとするかどうかは、あなたの勝手。誰も自立は助けられない。

話を再びスクリーンに戻そう。映画の中の風邪ひとつひかない〝どこにもいない女〟は、精神分析医を通じて本来の自分自身をとり戻すや否や、一年半後にはなんとエリートサラリーマンの元夫《もと》よりさらに高給取りになって堂々子どもを引きとりに行く（オトギ話じゃ）。

当然男は憤る。捨てたのはそっちだ。それに母親の方がより子どもにとって必要な存在だなんて、なにを根拠に言うのか！

女は裁判で勝ったものの、子どもを父親から引き離すことを躊躇する。なぜなら男と子どもはすでに〝いい関係〟と呼ぶに値する実質を、二人の間につくり上げていたからだ。

——会社をクビになったクレーマー氏は、妻との裁判に備えて大急ぎで次の職場を捜し、そこに子どもを連れていく。部屋にかけられた真新しい表札を示して、彼は子どもに尋ねる。「クレイマーって誰のことだい」「ボクとパパのことサ」。

一列横隊で共に生活を切り開いていこうとする彼らを切り離すことはもはや誰にもできない。二人はすでに〝親子以上〟のものである。そのことに気づく女の賢明さは、母だから、父だからという押しつけがましさ抜きに、子どもと関係を育みたいと願う自立した女のそれである。彼女は誰よりも自分自身のために、〝親子以上〟の二人を尊重しないわけにはいかないのだ。

小さな同志

さて大詰めにきて、ここからは、彼らよりはるかに苦戦を強いられてる、現実の女と男と子どもの話をしよう。

異国で未婚の母となり、一人で子どもを育てていく際中、何度か真剣に父親である男に、時々子どもを託すことはできないかと考えた。〝あたしがやるしかない育児〟にはしたくなかったからね。

しかしそれはほぼ不可能だった。男は、もしそんなことしたら以後再び息子には会わせない、と脅かしてきた。週に一度会いに行く分には可愛い息子でも、もし一緒に暮すとなったら足枷以外の何ものでもないという男の本音がそこに丸見えだった。あの子が大きくなったら……と男はよく将来の夢を語ったが、今はダメだ、子どものために出世しなければならないから、と付け加えるのが常だった（彼はまるで自身を狩りたてる猟犬だった。その強烈な出世欲の裏に貼りつく貧困への恐怖と憎しみ。「いいか、ミツ。お前は肉が嫌いで食べないが。この国のほとんどの人間は肉が食べたくても食べられない連中なんだゾ！」）。

男の意向を無視して、もし子どもを彼のもとに送り込んだら、彼は田舎から母親を呼びよせて世話させるか、逆に田舎に子どもを送り込むか、はたまたシルヴィエンタ（女中）を雇って子どもの世話をみさせたに違いない。かの国には、親が手をかけて育てなくてもすむ方法がありすぎた。選択の余地はなかった。男に皿を投げつける代りに息子を手離すわけにはいかなかった――。

それにクレイマー親子の如く、あたしたちも人生の荒波を一列横隊でのり切ろうとしてきた母・子だった。例えば――。

仕事で田舎へ民芸品の買い出しに行くと、時には風の吹き込むバスターミナルで一夜を明かさねばならないこともマレではなかった。あたしたちは身を寄せあってそんな寂しい夜に耐え、母がキップを買いに走れば、息子は荷を守った。彼が一歳を過ぎる頃から、二人はいつもそんな風に生きてきた。「あれ、炬燵《こたつ》の電気消し忘れちゃった」と一人がいえばスグに、「ボク、行って消してこようか。」と応じるもう一人。男との別れには耐えられても、この〝小さな同志〟を失うことにはもはや耐えられそうもない。

東京にチラホラ初雪が降った日の夕方、子どもを捜しに外へ出た。お寺の階段の上に大小二つのシルエットが。なんと彼は近くの大学生と偶然知り合いになって、一緒に初雪見物とシャレていた。男の、黒い大きなオーバーにくるまれて、チョコンと座っているニコニコ顔の彼を見て、あぁ父親が居ないことによって得られる幸せ、というものもあるのだなあとつくづく思った。

ということは、母親が居ないことによって得られる幸せというものもある訳で……。

（註）「クレイマ・クレイマー」は一九七九年公開のアメリカ映画。ダスティン・ホフマン、メリル・ストリープ主演。第52回アカデミー作品賞受賞。

ときめくブスは美しくなる

『QUEER JAPAN vol.1 魅惑のブス』二〇〇〇年一〇月、勁草書房、私56歳

問題は不幸な現在

七〇年代初頭にウーマンリブの運動をやっていた頃、小沢遼子さんが私たちのことを「一部暴力ブス集団」って命名した。小沢遼子さんも私たち側の人だったんだけど、あの人、諧謔《かいぎゃく》趣味があるから。だいたいマスコミが悪い。彼らがそんなふうに報道してたせいで、世間はウーマンリブと聞くと、「ブスが騒いでいる」と思ったようだけど。でも、実際は大違い。

本当に自分をブスだと思ってる人は、もう怖がって私たちに近づいてこなかった。ビラまいてても、ブスは避けて通った（笑）。こんなビラを受け取ったら致命的だっていう怖さがあったんじゃない？　本物のブス、真性ブスになっちゃうという（笑）。

歴史的にも、女性解放をやるような女は肉のつき方が少なくギスギスしていて、男にモテず、理屈ばっかりの、要するに、色気のない女だというのが定説だったから、私もウーマンリブを始める前には躊躇したわよ。

伏見憲明さんの本に「ブスも極めれば転じて美人になる」と、ある。これ、東洋医学で言うところの「陰極まれば陽になる」ってことか。例えばからだの冷えがひどくなると、逆にホテリに変わるという変化が起こることがあって、それと同じ生体変化が、ブスにも起こるってわけ?

私は思う。美は、見る人による。だから目鼻だちはイマイチでも、そんな私を美しいと思ってくれる人だって絶対にいると信じていた。ほとんどの人がそう思わなくても、そういう人は私のほうも相手にしないから、いいって。数は少ないかもしれないけれど、私の美しさがわかる人こそ私が出会いたい人だっていう自分中心の価値観というか自尊心は、しっかり持っていた。

自分を客観的に見る能力がある人もいるけど、私なんかそれが足らないから自信を失い過ぎることなくウーマンリブできたってところもある。なんせいま頃になってよ、すっごく自分がチビなんだっていうことに気がついたくらいだから(笑)。だから美人じゃないとは思っていたけれども、それ以上に私の美しさに気づく人にまだ出会えない淋しさのほうが大きかったわね。ホッホ、私は傲慢な女（笑）。だからリブができたのよ。

ウーマンリブを始める前は、なんかいっつも生きてることがユーウツだった。そういうとき、過去にああいうことがあったからだとか思うわけじゃない？　そう、その頃は現在っていうのは一〇〇％過去の結果なんだって考えていた。実は、不幸な現在が不幸な過去を必要としてただけなのに……。「小さいときのチャイルド・セクシュアル・アビューズのせいで私は不幸になった」って常に反復練習。そのためにいつかしらそれが唯一無二の我が真実になってしまって……。

〝邪悪な私〟と思い込んで……

私は子供の頃、家の従業員でかわいがってくれてた男から「性的虐待」を受けた。といっても、そんなにすごいことをされたわけじゃないし、それに五、六歳でも性的ときめきってあるのよね。それは、ドキドキを伴う新体験だったから、そのヒミツの遊びを母にも教えてあげようと思って内緒話したら、「えーっ！」と大騒ぎになってしまって。

でも母は正しく対処。男をガンガンに怒った後は二度とそのことを口にしなかった。まるでそんな問題あったの？ってかんじで。本当に忘れちゃったのかもしれないけど（笑）。私がどんなに落ち込んでても、「おまえにはああいうことがあったから……」なんてバカなこと、言ったことがなかった。

にもかかわらず、あんなに母が怒るようなことでときめいてしまって、私ってものすごく邪悪な存在なんだ、と思い込んでしまった。以来、邪悪な私でも生きてていいんだと思えるような生き方を見つけようと思って、さまよい続けていくのだけれど……。

言い寄ってくる男？　もちろんいましたよ（笑）。たとえば高校卒業して就職、でも九カ月ですぐ辞めるんだけど、それは社内不倫がバレたせいなのよ（笑）。でも、いくら言い寄られても、好かれてることにリアリティを持てなくて。私は無価値で邪悪なダメ人間だというのが、アイデンティティの根本に貼り付いてしまってたから。もうブスであることに悩む以前に、生きていてもいいんだとさえ思えないような存在不安を抱えていたのね。「ブスかもしれない」という思い込みが、その暗闇を余計に濃いものにしていったとは思うけど。

男は案外〝怖い女好き〟？

自分をブスだと思っていたというのはね……私の母はデブの色白で、いつも「色の白いは七難隠す」ってそればっかり言ってる人で。私は母に全然似ないで、色黒でニキビばかり作ってるような娘だったから……。

母は、いい意味でも悪い意味でも独特な人で、早くから「結婚なんかしなけりゃしないでいい」って言ってたし、「世間なんていうものは、良けりゃ良いで悪口を言い、悪けりゃ悪いで悪口を言うもんだ」とかね、よく言ってた。だけど、私の横で「色の白いは七難隠す」って一カ月に一、二回はくりかえす（笑）。

ウーマンリブに入る前は……革命（つまり新左翼の集団）にくっついていれば、いつかは美しく飛翔できて、ダメな私も浄化されるかなって。イメージよ、もちろん（笑）。すてきな革命家の後ろにくっついて、そのホウキのシッポにしがみついていれば、私も一緒につれてってもらえるかとバクゼンと夢想していた。

ところが新左翼の運動がポシャったら、ゲバ棒（註・国家権力に対抗するために学生たちが手にした棒っきれ）を握れるだけ私より偉いと思っていた〝革命家諸君〟が、家族帝国主義解体とか言ってたのに、テキトーな相手をひっつかまえて続々と結婚しちゃってね、もう。ガックリ（笑）。だって私自身は、新左翼運動の中では女であることも自分であることも終始混沌としてたから。そんなふうに手のひらをかえすような変身できないし、したくもなかった。

それからよ、女性解放に目覚めていったのは。ライヒの『性と文化の革命』なんていう本がその頃出てね、それ一冊読んで急に目覚めた（笑）。そうか、自分のことをダメだダメだと思ってきたのは、女を私有財産みたいに考えて、純潔の女を良しとする考え方があったからなんだ、と。

女性解放やったらブスの烙印をペタッと押されて、絶対モテてなくなるだろうと思ったけど（笑）、それどころじゃなかった。女であることも自分であることも混沌としてる、こんな惨めな私でこれからもズーッと生きていくんだったら、こんな地球なんてブチ壊れたって構わないという、殺意にも似た感情の高まりがあった。それだから世間が嘲笑してくるだろうと始めっからわかってたウーマンリブに〝決起〟できたんだから、ホント、人生なにが幸いするかわからない（笑）。

他の女たちはどんな事情からウーマンリブになったのかな。ウーマンリブ＝ブスと思われていたから、ブスの人は近づくことができず、実際は美人が多かったのよ、私以外は（笑）。

当時、男たちは、そんな私たちをどう思っていたかって？　ほら、トム・クルーズの女房のニコール・キッドマンって、キャリアウーマン風の眼光鋭いタイプじゃない？　〝怖い女好き〟っているのよ。結婚してるカップル見ても「あんな怖い女のどこにホレたのか」って思うような夫婦がいっぱいいるもの。だからね、やっぱりウーマンリブをやっていても、怖い女好きの男が寄ってくるの（笑）。男って基本的にマゾよ（笑）。

ただ、リブをやっていたときは本当に忙しくて、正月二日からビラなんかまいてて……。足かけ四年半ほどリブやってて、なんとその間一本も映画観てない。テレビも見なかった。三六五日ビラ書いたり、配ったり、話をしたり、ミーティングをしたりと、もう生涯であんなに自分を酷使したことってないわね。それでもともと虚弱なからだがさらに悪くなってしまって、遂にメキシコへ緊急脱出よ。

美人じゃないが、ブスでもない

わかりやすいものってうんと深いか、深くないかどちらかじゃない？　もちろん深くないものがほとんど。ミスコンに群がるような人たちは、深くない方のわかりやすいもの好きなんだなと思っていた。そういう人たちは、私にとっていわば生涯出会わなくてもいい人たちだから、個人的にはミスコンがもてはやされても関心がなかった。どうでもいいやみたいな。あ、でも一度やったけどね、ミスコンに乗り込んで、「ミスコン反対」を叫んでブザー鳴らして騒いで、警察に連れて行かれた（笑）。たしか麹町警察で、その夜のうちに帰されたけど。

私にとって美人って……あたり前だけど私が美しいと思う人が美人よね。美っていろいろ。初々しい美しさ、知的だとか、品格がある美しさ、ていねいに自分を生きてきた人の美しさとか、いろんな美しさがあるから、そのときどき「あ、きれいな人だな」と思う。石牟礼道子さんとか、樋口恵子さん、倍賞美津子さん、角田光代さん、ジュリア・ロバーツ、スーザン・サランドン等々。

もちろん、造作自体が整ってる人もきれいだなと思うのよ。でもそういうのって見馴れるとどうってことなくなるから、何かもうちょっと感動を与えてくれないとね。

私ね、美しい人に囲まれてると思うの。うちの患者さんたちも、あんまりブスいない（笑）。患者さん同士も「治療に来てる人はきれいな人が多い」って言ってるもの。テレビの『ショムニ』（働く女性が主演のテレビドラマ）に出てくるような人たちばかりよ、もう。

白血病で死んだ夏目雅子さん。あんな人を見たら、やっぱり「きれいだなあ」って思う。圧倒的な説得力。私がいてもいいのと同じように、こういう人も是非いて欲しいと思う。

でも大事なのは他人からどう見えるかではなく、自分が自分をどう見るかということ。一〇〇%自分をブスだと思ってる女ってそう多くないんじゃない?「美人じゃないけどブスでもない」と思ってる女がほとんどだと思うな。だから女は元気に生きていかれるのよ。

ブスと較べる

私ね、美人とは比較しないくせに、無意識にブスとは比較している(笑)。美人と比較しないのは防衛本能が働くせいでしょう。不幸になるの、イヤだから(笑)。たまにあの人は私よりはブスだなあと思うことがあると少し気持が明るくなる(笑)。「フェミニストはそういうふうに思っちゃいけない」って言われそうだけど、それだからフェミニズムが建て前になってつまらなくなるのよ。

「すべての女は美しい」って言うけどね、個人的にはフェミニストだって嫌いなフェミニストと好きなフェミニストがいるわけで、美人もブスもそう。嫌いな美人と好きな美人がいる。ブスも近寄りたくないブスと好ましいブスがいる。もうそれだけの話じゃない？「あんなブスじゃなくてよかった」って思うブス？　誰だろう、ブス一般に関心があるわけじゃないから。「ブスかもしれない」という認識があれば、その空虚を埋めようとする衝動が必ず生まれて、そこに品格をたぐりよせたり、知的な美しさを引き寄せたり、いろんなことをやる。それで「ブスも極まれば、転じて美人になる」わけだけど……。中村うさぎさんなんて整形なんてしなくても充分魅力的なのに、ナゼかすごいブランド着ているわりに、いつも貧乏ったらしく見える（笑）。シャネル着て貧乏ったらしく見える人って珍しい。泉ピン子と双璧。

山田美保子も笑っちゃう。「ブスかもしれない」っていう認識があの人には足らないんじゃないかしら。浅田美代子の真似がしたくて、美容院もそこにしてる。

聡明なブスは、ブランドや美容院で美しくなろうなんて思わない。ブスはブスから学ぶ（笑）。

たとえば、コシノ三姉妹みたいに力強い存在には、いつも私は力づけられる（笑）。あの人たちは絶対に錯覚してる気がするの。いや、あの人たちの世界にはブスっていう言葉もないのかも。もう威風堂々のブスで。そういう意味では田辺聖子さんのヒラヒラの多い服装も、あれ、全然似合わないけど、ああまで似合わないものを嬉々として着ている人間的なかわいらしさで、ブスであることなんかどうでもよくなっちゃう。ああいうすごさは、やっぱ関西系の力かも。

真性ブスというのは、自分をブスだと思って縮こまってる人以外にはいないんじゃない？　せっかく美人に生まれても、自分をブスだと思ってると、どんどんブスになっちまう。顔立ちが良くたって、それでなんとか繕えるのは三〇代までよ。それからは敗者復活戦の始まりだ。

私の場合、たしかにウーマンリブになったことで堂々と自分を生きられるようになった。だけど、ウーマンリブをやっても、家に帰ると時に孤独で寂しい私がいてね。

ウーマンリブで得たことと、ウーマンリブでは得られなかったことを明確にするところから、私にとって再度の敗者復活戦が始まったような気がするわ。敗者復活戦って人生の中で何度もあるのよね。ウーマンリブも敗者復活戦だったけれど、あれはいわば集団でとり組んだ敗者復活戦で、そこで得た力で自分一人の敗者復活戦へとさらに進んで……。

私、アディクション（嗜癖）の人たちと前はよく顔を合わせてたんだけど、拒食症とか過食症とかの摂食障害って、「結婚こそ女の幸せ」が壊れちゃったことに、大きな原因がある。結婚こそ女の幸せにはとうてい見えないお母さんを見て育って、同じ生き方はしたくない、と。だけどそれ以外にどんなふうに生きたらいいのかわからない。どういう自分になりたいのかもわからないから、大人になりたくない、女の子のままでと止まっていたい、という気持ちが生み出した現象。それが摂食障害だと斎藤学さん（医師。アディクションの専門家）は言っている。

拒食や過食、アルコールや薬物から抜け出せなくなった状態を依存症というのだけれど。平たく言えば依存症って夢中になることなのよ。なにかに夢中になっていれば、自分に居場所がないということを忘れることができる。だから食べることに夢中になり、お酒に夢中になる、仕事に夢中になったり、恋愛に夢中になる。

一般的に、摂食障害の娘さんたちって見目のいい人が多い。なまじきれいだと、きれいな人と比較したがる。そもそも完璧志向なのね。完璧な美を求めて、プロポーションをもっとよくしようとする。プロポーションは油断すればすぐに元に戻るから、それで繰り返しダイエットしていくうちに、拒食や食べ吐きにどんどんはまってしまうケースが多い。

私は、人というものは病むものだと思うのね。そして病むときには病むが良き候なのよ。だから、摂食障害をしている自分を責めないで！　って言いたい。

自分の足で立てないからそういう事態になっているのに、その自分を責めれば、一層のこと「私ってかわいそう」に陥ってしまう。そして「私ってかわいそう」という気持ちは、必ず過剰な癒しを求めていく。摂食障害の場合、過剰な癒しが食べるという行為になり、また自分に罰を与えようと食べないという行為になるわけだから、とにかく自分を責めたらダメ。

摂食障害で苦しむ人が集まって作る自助グループってとても大切。苦しみは分かち合うことによって、癒されていくから。でも自助グループをずっと続けていくと、「摂食障害の◯◯子でーす」とか、自分を紹介するときに「摂食障害の……」とか「ＡＣ（アダルトチルドレン）の……」とか言うようになる。摂食障害がアイデンティティになってしまうのね。それに、弱者の連帯って気持ちいいからいつまでもそこに漂ってしまって……。そうなると一人で行う敗者復活戦へ、なかなか踏み出せなくなる。自分捜しもそこ止まりって感じに。自助グループってそのあたりの難しさを抱えているような気がするんだよね。

現実を重く見過ぎない

女性雑誌の表紙になりたいわけじゃないんだから、たった一人でいいから「あなたはすごく素敵だ」と言ってくれる人がいればいい。でも、現実はそうしたたった一人との出会いが難しい。

でもね、私、思ったことは現実化すると思うの。もちろん「億万長者と結婚する私」とか、「宝塚へ入ってスターになってる私」とかをいくらイメージしたって、奇跡でも起きなきゃそんな実現は無理よ。でも、たとえ相手が映画スターでも、その男と浜辺を歩いてる私をウットリと思い描いていると、自然に快楽ホルモンが出てきて、元気に美しくなっていく……ということはあると思うの。私という肉体を通じて幸せが現実化していく。

反対に「私はなんて男運の悪い女だろう」とクヨクヨしてたらどんどんブスになってしまいそう。思ったことはお肌のハリや体調となって現実化するんだから、好きな男の横でときめいている自分を勝手にイメージすればいいのよ。頭の中は自由だもの。

脳って本当のこととそうでないことの区別がつかない。だから嘘でもときめいていればキレイになる。キレイになれば出会いの可能性が高くなるから、嘘から出たマコトが手に入るかも。

イメージの力を知らないで生きるって、裸でヤブの中を歩くようなものよ。「田中さんって、会うたびにきれいになってる」ってさっき言われたけれど、それってまさしくイメージトレーニングのおかげ。

イメージトレーニングは、パブロフの犬になるレッスンです。道を歩いてて、ロマンチックな並木道があったら、「ラッセル・クロウに抱かれて、いま歩いてる」と思って、その腕の温かさを腰に感じるようにすれば、すぐにフワーッと幸せな気分に。そうすると、心もからだもだまされてくれて快楽ホルモンがドンドン出てくるから、免疫力は高くなるし、キレイな私にもなっていく。つまりそうなりたい私が現実化していくわけね。

現実を重く見過ぎないで、時に軽いフットワークで生きていくのも大事なこと。自分をブスかもしれないと思ってる人は、嘘から出るマコトの力をぜひ味方につけてほしいわ。

ウン、そういうことよね。

（談）

II

二〇一四年六月二一日たんぽぽ総会記念講演、立川女性総合センター・アイム、私71歳

せっかく病気になったのだから

初めまして、田中美津です。

皆さん、サッカー（二〇一四年ワールドカップ・ブラジル）見てます？　日本は情けない試合よね。負けてもいいのよ。だけど、情けないのはダメ。今回はいい試合が多いから、日本の負けっぷりにもうがっかり。

ワールドカップが始まる前に治療中、「どう思う？　センセイ、今回日本は一次リーグ突破するかしら」と聞かれて、即座に私は「だめだと思う」と答えたのね。もう始まる前からそんなふうに思ったのは、からだよ。ワールドカップに行く前に親善試合がいくつかあって、それには勝ち続けていたんだけれど、日本の選手のからだから湧きあがるような活力が感じられなくて、なんだか運がよくて勝てた試合に見えたのね。

全部で見る、感じる

私は鍼灸師を三一年間やってますから、人を見るときに、顔色はもちろん、表情や体の緊張、声の出し方などトータルに見る、いや、見るだけでなく、感じる。

人間以外の動物はみんなそうなんじゃない？　人間は知能が発達したために、何かこう、命そのものより、それに付随しているような事柄——言葉とか頭の良さとかキャリアなどを重要視してしまう。

でもうちの猫なんかを見ても、私の言葉を重視してるとはとても思えない。もっぱら気配を感じてて、私が日本選手を見て「うーん」って首をかしげたように、私から発するものを見て「うーん」って。またあの餌かよ、とかもらわない前に分かっちゃったりして。

日本代表のダメな試合に話を戻すと、本当は一勝でいいから勝ってもらいたいのよ。でも今回はそれは無理だと思っているから、自分を元気づけようと、ボロ負けでも、いいことが一つだけあったじゃないかと思っているのね。

この間、安部首相がめっちゃ急いで、もう無理押しみたいな形で集団的自衛権を閣議決定させたでしょう。日本のメディアはミーハーですから、万一日本が一次リーグ突破なんてことになったら、もうテレビも新聞も阿波踊り状態になってしまって、安部首相が何をしようと、気にする者なんてほとんどいなくなる。年配者もこの頃はできる限り若者に近づきたいみたいな人が多いですから、もう日本全国老いも若きも浮かれちゃって、恐ろしい時代へ近づいていく足音なんて軽くかき消されてしまうと思うのね。

集団的自衛権がもたらそうとしている「強い日本よ、もう一度」的な動き、日本を戦前に戻そうとするような安部の妄想というか野望を少しでも抑えるためには、サッカーがボロ負けで、日本中はしょぼんとしているほうが、まだしもいいのではないか。

鬱っぽい時のほうが人間真面目ですから、少しは物を考える。日本の国はどこへ行こうとしているのか、こんな政治を許していいのかとかね。

ホント物事って悪いことばかりってことはないのよね。もちろん、いいことばっかりってこともない。つまりマルはバツへ、バツはマルへ……がこの世の理《ことわり》なのではないか。そんな気がしてならないのです。

たとえばなまじ若い時にミスユニバースなんかに選ばれちゃったら、歳をとるの怖いでしょ？ 私たちなんかシワ一、二本増えたってどーってことないのに（笑）。

だってミスユニバースに選ばれるような人は、美しさを、長年自己肯定の拠りどころとしてきたハズ。ほとんどの場合、美しさは人生により多くのチャンスをもたらす。それだから、他の自信のもち方を身に着ける必要性を、あまり感じないかも。

だがしかし容色は歳とともに衰えていきます。そういう意味では人生は、六〇歳以降が勝負なのです。容色、体力、仕事、友人……と失っていくものの多い六〇歳以降の人生を、何を支えにして、めげることなく生きていったらいいのか。

歳とってからの表情が、不安でいっぱい、怒りでいっぱいといった感じの人がよくいるけど、たぶん昔は美しかった人じゃないか、と。目鼻立ちから見てそうじゃないかと思える人に、何人も出会ってきたような気がします。

大丈夫、私や皆さんはこれからよ。これから自力で敗者復活を勝ち抜いていくんだから（笑）。生まれてからこの方、容色なんていうものに寄りかかからなかった分、仕事やキャリア、精神力、よき友人との出会い等々を大切に、人間力を深めてきた……と言えなくもない私たち。幸いにも大したことない容貌の女として生まれてきた私たちは（笑）。

こんなふうに、ないことによって得ることができるものがあるし、反対に、あることによって失っていくものもある。すなわち○は×に、×は○へと変化する。生きていくということは変化するということです。世の中全体も、私たちも変化しつつ生きていく。

虚弱で鍼灸師に

私の人生なんてまったく×から○への連続で、もうからだが弱かったから鍼灸師になれたようなもんだし。鍼灸学校はお金がかかる。今だと三年間の授業料だけで三五〇万円くらいで、それプラス交通費や昼食代、書籍代、ハリ・灸の道具や材料代などがかかるわけだから、大変よ。三年間学んで国家試験に通れば資格は取れる。でも開業となるとこれまた大変。

鍼が打てるということと治療ができるということとは次元が違うことで、三年間学校に通っても治療ができるというところまではなかなか行かない。私が卒業する頃、鍼灸師として開業できるのは、四〇人クラスの一割くらいと言われていたけれど、今でもそんな具合じゃないかしら。

そんな狭き門をくぐりぬけ、卒業とほぼ同時に私は自分の鍼灸院を持つことができました。

私にそれができたのは、「虚弱なからだだった」ということと、「未婚で子どもを産んでしまった」という、いわば二つのプレッシャーのお蔭です。

メキシコで子どもを産んで三年後に、鍼灸学校に入学するために帰国。何の貯金もなかったから、入学金は親から借金して、学費の方は区の女性福祉資金から借りて、暮らしのほうは生活保護を受けつつ、三年間学校に通いました。

そんなふうに福祉のお世話になれたのは、慢性腎炎の虚弱なからだと、未婚の母だったお蔭。三年間という約束で生活保護をもらって、もちろん期間延長もできたでしょうが、自分としてはホップ・ステップ・ジャンプという形で軽やかに行きたいなと思っていたから、それで卒業後すぐに開業しました。何とか痛くなくハリは打てるといった程度の未熟な腕で。

病気になったおかげ

私の人生なんて、本当にこんなふうに、×から○への繰り返しです。

でもね、皆さんの中にも、「あら、私もそうだわ」って思う人、多いんじゃない？　病気のお蔭で生きることを深く考えるようになったとか、困ってる人に対する共感能力が高くなったとか、養生が身についたとか、いろんないいことを体験してるんじゃないかと思うのね。

私はチビで、虚弱。道を歩くといつだって小さな子どもにも老人にも追い抜かれていく。私を追い抜いていく人たちの背中を、ずっと見続けてきた長い長い年月。でもそれだから、私は一人ぽっちに強い人間になれたような気がするのね。人と一緒でなくてもいい、「さくらはさくらよ」って言える人間になれたのは、人一倍弱いからだだったからです。わたしはわたし、さくらはさくら。

だから、上野千鶴子さんと自分を比べるなんてことは、まったくやったことない。比べるって何を比べるのよ、東大の先生だった人と。背の高さだったら比べてもいいけど、あの人もチビだから（笑）。

善玉菌、中立菌、悪玉菌

さて、×は○へ、○は×への理《ことわり》は、人生だけでなく、からだの中でも起きていて、わかりやすい例としては、腸の中に棲んでいる善玉菌、中立菌、悪玉菌の関係がそう。

善玉菌の代表はたとえばビフィズス菌、中立菌のそれは大腸菌、悪玉菌というのはウェルシュ菌が知られている。私たちは善玉菌が多いのはいいことだと思っているでしょ。だからこのヨーグルトには一〇〇億個の乳酸菌が入っているなんて聞くと、あ、買わなくちゃという気になる。

でもね、もしからだの中が善玉菌ばかりになったら（そんな風になるわけないけど）、善玉菌は生きて行かれなくなるってこと、知ってました？ それというのも善玉菌は嫌気性球菌。つまり空気が嫌いな菌なのね。一方中立菌や悪玉菌は好気性球菌といって、空気が好きというか、空気を食べて生きている。

だからそういうものが、消化器の上のほうに居てくれないと、善玉菌は生きて行かれない。それゆえ善玉菌はたっぷり、中立菌はそこそこ、そして悪玉菌もチョッピリ必要。それがグッドバランスというものなのね。悪玉は強いからたくさんなくてもいいんだけど、でもなければダメなんです。

悪いだけのもの、良いだけのものは少ない

私ね、ここに天の摂理と言うか、この世界の深遠な成り立ちを感じるんですよね。もしかしたらこの世の中に生み出されているものは、絶対的に悪いだけのものとか、良いだけのものとかは極めて少ないのではないか。そんなふうに思えてならないのです。

どこかにバーンとぶつかったときの打撲。あれはすっごくからだに悪いものなんですよ。打撲に比べれば骨折や捻挫のほうがずっとマシ。

打撲がなんで悪いかと言うと、打撲のせいで体内で血管が破れ、血管外に出てしまった血は、「瘀血《おけつ》」といわれるものになってしまうからなの。つまりからだを循ることのない、病的な血液になってしまう。

でも、打撲しても、そのせいでコブができたり、出血したり、骨折したりすれば、打った衝撃はプラスマイナスゼロになって、瘀血化しないで済むといわれています。

一緒に塀の上から飛び降りたら、自分は打ったところが切れて出血したのに、友達は青痣だけですんだ。「あなた、痣だけでよかったわね、私なんて血が出たのよ」なんて言いがちですが、でもそうじゃない。血が出たほうがいいんです。

検査しても特に悪いところはないのに、なぜか常にからだが不快で、疲れやすい、しかももう何年もそういう状態が続いているというような人は、心の問題が関係していてそうなってるのか、瘀血によるものなのか、またはその両方……ということを考えた方がいいか、と。

私も五歳くらいの時に高い滑り台の上からドスンと落ちてる。もう全身打撲したわけね。両膝の下に薄いシミのようなものが今でもあって、それって瘀血が生じた証拠ではないか、と。中学生頃からこれといった原因はないのに、いつも具合が悪いからだで、長じては婦人科系の病気にもなったし。そう、瘀血は婦人科系の病気や不妊、冷え性等に深くつながっていると、東洋医学では古くから言われている。

我慢も溜まれば邪気となる

打撲はできる限りしないほうがいい。でも階段から落ちるとか、交通事故でぶつかるとか、生きてる限り避けられないのが打撲です。

いわば瘀血は、からだに溜まる毒の代表。もちろん、毒はそれだけではない。古い油で揚げた鳥のから揚げなどからだに合わないものを食べた時におう吐や下痢となって外に排泄されればいいけど、されなければ毒になって溜まっていく。

また俗に「しっかり者ががんになる」なんていわれて言われていて、気持ちから溜まっていく毒もあるのです。

しっかり者は弱音を吐かないでしょ。つらくとも、平気なふうで生きていくその無理が、毒になる。昨今いい仕事をしている女性が増えていますが、女性議員へのヤジが飛び交うあの都議会の状況、あれって女の人たちがどのような敵に囲まれながら日々生きているかを問わず語りに示しています。

もっとお化粧したほうがいい、いや薄化粧のほうがいい、それは似合う、似合わない、子どもを産まないからそういうことが言えるんだとか、子どもには母親が必要だよとかのことを言われても、笑ってやり過ごす女性たち。心の中ではくそっ！と思いながら。その揚句にがんになってしまうんじゃ割に合わない。

しかも夏でも背広の男たちに合わせた冷房――子宮・卵巣・腎臓を傷めるきつい冷房の中で、女性たちは仕事をし続けているわけです。本当に大変なことです。

今に生きながら気持ちは過去に

実は邪気（病気エネルギー）発生の主要な原因は気持です。

問題その1は、「今を生きてない」ことから生じる邪気。今を生きているように見えながら、そうじゃない。私がこんなふうに不安なのは、お母さんが、お父さんが、私に完璧を求めたからだ、いつも否定したからだ、父母がケンカばかりしているすごくさびしい家だったからだ等々、今の好きになれない自分に対して、過去からいろんな理由を引っ張ってくる。つまり、現在を生きていながら、気持ちは常に過去をさまよってしまってる。その気持が邪気に。

問題その2は、「自分を肯定できない」ということ。自分が嫌い。でもそんな自分を受け入れてもらいたくて、過剰にいい人をやってしまったり、価値のある人間になろうとして、無理に無理を重ねて有名校に入ろう、仕事のできる立派なキャリアウーマンになろうと努力する。

キャリアに生きるのが悪いわけじゃない。いい人として振る舞うのが悪いわけじゃない。けれども、何事も過剰は悪なのよ。過剰な◯は×になる。

生きてる限り、毒は生じる。生じて当たり前。心の毒もからだのそれも生じていいが、溜まらせてはいけない。

外に出るものはみんなマル

尿もウンコも、鼻血も下痢も、ねえチョット聞いてよの愚痴も、外に出るものはみんなマル。悪いものを食べたらすぐ下痢になるのは、からだがいい証拠。でも一番いいのは、気持ち悪くなって吐いてしまうからだです。

ホラ、むかし毒入りカレー事件っていうのがあったでしょ。あれ、一口二口で「おっ」と吐いちゃった人は助かった。

でも、「口に入れたものを吐くなんて、礼儀に反する」と思って、盛った分だけちゃんと食べた人はヤバイことに。

友だちとレストランで食事してて、まずいなぁと思ったとき、あなたは料理を残せますか？ 残せないという人は、もしかしたら食べ残すという美しくないことをする自分が嫌で、食べたくなくとも全部食べてしまうのかな？　それだったらいわば確信犯。そのせいで寿命を縮めようとも、「ちゃんと食べる美しい私」を選ぶというのも、アリだと思う。命はその人のものだから、美しい私を選んで早く死ぬのも自由です。

でもそこまでの確信犯ではない、残さずたべなさいと躾られたので、何となくそうしているという人の方が多いかも。油が悪くて「マズイなぁ」とか、もうお腹がいっぱいで「食べたくないなぁ」というのは、いわばからだからの声です。犬猫はそういう声を無視して食べるなんてことは決してやらない。人間だけよ、食べたくなくても食べるのは。日本は国中が家族みたいな国です。自分を生きるより、みんなと一緒を生きる方が悩み少なく生きられる。でもそんなふうだと毒入りカレーをガマンして食べて死んでしまう人にもなりやすい。

そうしても、世界が壊れるわけじゃない

普通たいてい夫が先に死ぬでしょ、最初は悲しい。でも、だんだん、「わたしはわたしよ」で生きていいんだということに気づくせいか、未亡人バンザイ！の日々を生きる人がほとんど（笑）。

でもそんな齢《とし》になる前に「わたしはわたしよ、さくらはさくら」と生きていきたい人は、食べたくないと思った料理は残す、ということを手始めにやっていくといいんじゃないかしら。やっても世界が壊れるわけではないし、自分への評価もそれほど下がるわけではないと知るために。

厭なものは厭という人になっていくと、同じような人たちと、お互い磁石みたいに引かれ合っていくから不思議。そうなると、一層楽しいほうに、生きやすいほうにドンドン気持もからだも動いていく。つまり人生が動いていく。

さて、「出るものは全部マル」という話の続き

おならもそう、出せる時には機会を逃さずコッソリ出したほうがいいんです。どんな時でもきちんとしたいような人は、おならも抑制する。「しっかり者ががんになる」というのはそういう、おならも固くコントロールしている人のことなのかも。

おならはできるだけ我慢しない方がいい。といっても、おならが臭い人にノーテンキに

ぶっぱなされても困ります。善玉菌がしっかり機能しているかどうかが問題。機能してれば、おならもウンコもほとんど臭わない。ウンコやおならが臭い人は腸の中が汚れている。善玉菌が足らないんですっ。

だからトイレに行ったら必ず振り返る癖をつけましょうね、どんな色をしているのか。もちろん食べたものの色に関係しますから、お汁粉なんか食べたときは小豆って黒いから、そういう色になりますが、その人の通常の色というものがある。自分のウンコの色も知らないで、人生を生きてるつもりになってはいけません。臭くて当たり前なんて思っているなら、あなたのからだはすでに大病予備軍と化してますよ。

自己治癒力のいいからだ

善玉菌、中立菌、悪玉菌のバランスがちゃんとしているということは、回復力がいいからだだということです。ちゃんと善玉菌が働いてくれてれば、腸の中はきれい。ということは食べたものはしっかり栄養になっていくし、いらないものはちゃんと出る。吸収もデトックスもちゃんとできているということですから、そういったからだは自己治癒力が高い、回復力のいいからだです。

反対にウンコなんだから臭くて当たり前と思い込んでるような人のからだは、自己治癒力が高くない。そんな状態に気づかずに、高いサプリメントをいろいろ飲んだりしてもダメ。

善玉菌の働きにも気持ちがからむ

下痢、便秘、食欲不振、頭痛、肩コリなど日常悩む症状のほとんど全てに自律神経がからんでて、善玉菌の働きもそう。自律神経の働きを乱すのは一に気持ち、二に冷えです。もう、万病はしっかり者やいい人、優秀な人、と思われたいと欲望しすぎる気持ちと、からだの冷えから始まるといい切っていい。

冷え、冷えと、私は一年中口ウルさく言ってる人間ですが、それというのもクヨクヨやイライラ、怖れ、不安を減らしていくには時間がかかる。でも冷えないようにするのは、それよりずっとずっと簡単だからです。

ではここらで究極のアドバイスを。それは一に冷やさない、二に一人になった時にね、いい顔をするということです。人から見られてる時って、ちょっと口角を上げて微笑んだり、優しそうな顔をしたりしてるわけでしょう。それなのに、一人でいるときはブスッとした顔をしてることが多い。それではダメ。

おトイレに入っている、お風呂に入っている、ご飯のしたくをしている、テレビを見ている、道を歩いている…というように、一人で過ごす時間って多いですから、その時にできる限り、いい顔をする。今までいろいろつらいこと、せつないこと、さびしいこと、悲しいことがあったけれど、よく頑張ってきたねっていう気持ちで自分に微笑む。それは、私はあなたが大好きよって自分に告げてる顔でもある。

なんでそういう顔がいいかというと、人間ってね、ネガティブなことを考えてる時は、顔もそれに見合った暗い顔をしているもんなんです。幸せそうな顔でネガティブなことは考えられない。

そう、顔が幸せそうだと、厭なことは考えられない。そういう風に人は作られているのです。本当にそうよ。

だからいつもクヨクヨしている人は、齢と共に一刻一刻ひどい顔になると思ったほうがいい。永年どういった顔で生きてきたかで、これからの顔が決まってしまうのよ。美人に生まれたと言っても五〇までの話しよ。それからがいよいよ敗者復活の時（笑）。

誰にも見せない顔だからなんでもいいやと、ぐったりした顔や、餌をもらいはぐれてがっかりしてるような暗い顔とか、そういう顔を普通はしちゃいがち。でもそんな誰にも見せたくないような顔でゴミ箱みたいな時間を生きてちゃダメ、ダメなんですっ（笑）。

どういう顔がいいか。私ってこういう人間よ、とあなたが思いたい顔をする。参考までに私の場合、口の端を少しあげて、目と口で穏やかに微笑んでる……といった顔がいい顔で、ブス顔で居るとすぐに、あ、これじゃいけないと気がついて、すぐにいい顔するようにしています。

何事も癖、習慣ですもの。気づいてはいい顔、気づいてはいい顔しながらテレビを見たり道を歩いたり。やって見るとわかりますが、いい顔だと暗いほうに気持ちが行かない。気持ちと顔も二つで一つの事柄です。

心の問題に気づくと、よくみんな高いお金出してセミナーに行ったりしますが、頭の中の考え方を変えるだけでいいのなら、本を読んだりセミナーに行くのもいいでしょう。でも自分を本当に変えたいと願うのならやっぱりからだぐるみ、顔ぐるみで変えていくしかないのです。

からだの調子が悪かったら誰だって暗くなる。ひどい顔をしている時は、ひどいことしか考えられない。私たちはそういう生きものなんです。そのことに気づくまでに、私なんて何年もかかってしまった。不幸な顔して生きていると、実際不幸になりやすい……という、こんなシンプルな事実に気づくまでにね。

これは、宝くじに当たったら幸せ、子どもができたら幸せというような幸せの話じゃないのよ。クヨクヨ顔で生きていると、季節の移ろいも感じられない、青い空にも子どもたちの笑顔にも気づけない。

幸せとは状態です。「あ、きれいだな」とか、「気持ちがいいなぁ」、「おいしいな」と気づく、感じるということがなければ、幸せは手に入らないものなのです。

気持ちいいことや楽しいことに気づける、気づけないは体調次第。頭痛があったらいい空もへったくれもないんです。だからお金があっても幸せじゃない人がゴマンといる。ひどい体調、ひどい顔ではいくらお金があっても幸せにはなれない。

さぁ六〇代の素敵なおばさん、七〇代の素敵なシニアを目指して、今日はこれから、あなたの一番素敵な顔でお帰りになってくださいね。

問題は自分自身との関係です。それが変われば、他人との関係は必ず変わる。最初の一歩はあなたがあなたを讃えること、誉めること。「よく頑張って今日まで生きてきたね」と、まず自分をしっかり抱きしめる。そういわれてうれしいその顔、それがあなたのいい顔です。なるべくそういう顔を心がけてね。

一人でいるときにいい顔ができるようになると、子どもと関わるときにもその顔で向き合うことが容易になります。頭ごなしにエラソーに、「あなた、なんであれをやらなかったのよぉ！」と問い詰める代わりに、「やってくれたら、私助かったんだけどなぁ」と柔らかく切り出すことも可能です。怖い顔で迫っても子どもは言うことを聞かない。その上怖い顔のまま皺が固定されてしまう、つまりブスになってしまうんだから、そう言う態度は明らかに間違っている、でしょ？。

今日だけ生きる健康法

大事なことだからくり返しますが、生きているって、今生きているってことが全てなのよ。癌であろうとなかろうと、今生きているってこと以外に、生きているってないんだから。

命は、今だけのもの。それだから私は、今日だけ生きればいいんだっていう考え方が好き。

明日も明後日もずーっとがんばらなきゃいけないって考えただけで、つらい人生になってしまう。でも、今日だけ生きればいいんです。今日だけ、今日だけと思うと、私の場合ふっと余計な力が抜ける。じゃあ、今日をどんなふうに生きようか。もちろん、一番いい顔で生きる。そういう顔で、ベランダを見れば、花が風に揺れてるし、猫がじーっと私を見つめてる。今日が人生のすべてだと思うと、見るもの聞くもの触れるものの全てがなんかうれしいっていうか、いとおしい気持ちに自然になっていきます。

それだから冷えに気をつけ、いい顔で今日一日、今日一日と生きていくのが、心にもからだにも一番いいことなんじゃないでしょうか。

熱心に聞いてくださって、ありがとう。おかげでとても話しやすかったです。ではまた、お元気で。

自由は、「自分以外の何者にもなりたくない」という思いに宿る

子宮筋腫・内膜症体験者の会・たんぽぽ、二〇一五年

鍼灸師になられて二十五年以上経ちますが、心やからだのあり方についてわかったことはありますか？

心とからだはまったく一緒なんだということです。「心とからだ」というと何か違うものがふたつあるような感じですが、心はからだで、からだは心です。その証拠に二五年間鍼灸師をしてきて、からだの方は良くなったのに心は暗いまま……という人を、私はただの一人も見たことがない。

心がクヨクヨしているとからだも悪くなる。だから気持ちの鬱々は気持の方から解いていこうとするのが普通だけれど、でもそれだととかく心が過去をさまよってしまうのね。「ああいうことがあったから、だから私は暗いのだ」とか「生育歴に問題があるからいつも不安なのだ」という具合に。

でも、心が過去にさまよっている限りは、この今日の光に心地よく包まれていることにも、季節の花が目の前に咲いていることにも、なかなか気づけない。

物事すべて気づかなければ、無いのと同じよ。自分にはいいことが何もない……と嘆く人は、気持ちが過去をさまよっているか、「ああなったら、こうなったらどうしよう」と将来の心配をしてるかのどちらかであることが多い。つまり「この今」を生きてない。「この今」がスカスカになっている。

私たちは過去を全部覚えているわけではないから、不幸の原因を過去に求めても、結局今の自分の暗い気分に合致する過去だけを引っ張って来て、いいように物語化してしまう。親はいつもクリスマスプレゼントをくれていたのに、たまたまくれなかった年のことをよく覚えていて、「私はプレゼントももらえないような、愛されない子どもだった。それだから私は〜」というふうに自分を物語化してしまうわけね。

誰にとっても人生は理不尽なもので、思い通りにはいかない。時に憂鬱になったり不安になって当たり前。作家の角田光代さんは十代の頃気持ちが落ち込むとひたすら街を歩き続けたとか。歩けば血のめぐりが良くなるから、気持ちのほうも自然ドントマインドになっていく。

体力があれば、そんなふうに気分を変えることもできる。でも昔の私のように、生まれつき虚弱で、朝目が覚めるとすぐに「あぁーだるい」と思うような体調で生きていると、鬱々とした気分から逃れる手立てがうまく見い出せない。

からだは心の入れ物だから、鬱々は悪い体調のせいでもあるのに、昔の私はそんなこと思ってもみなかった。ひたすら「過去にあーゆうことがあったから……」と今の憂鬱に見合う物語を作って、それを自分の唯一無二の真実と思い込んで生きてきました。

リブへの取り組みも自分のからだの快を求める中で始まったのでしょうか。

私のあの暗かった青春は、①に体調の悪さ、②に幼い頃にチャイルド・セクシャル・アビューズ（幼児への性的虐待）を受けたせいだと今は思っている。

なんせ仮死状態で生まれ、もう小学生の頃から夏はだるくてグッタリ、冬はしょっちゅう百日咳で学校を休み、中学生の時には駅の階段を一気にあがれないくらい虚弱だった。

東洋医学では「七情の乱れ」といって、人は誰でも腎臓が悪ければ不安が強くなる、肝臓が疲れれば怒りっぽくなったり、やる気が出なくなる。消化器が弱ればクヨクヨしてくる、呼吸器なら憂いが深い人になるといわれている。

しかしそんなふうに「からだは心で、心はからだだ」と気がつくのはずっと後のことで、物心つく頃から「何で私の頭の上にだけ石が落ちて来たの?」と、それぱかり考えてました。他の女たちはまだ正札さえつけていないのに、自分はすでにディスカウント台にならんでいる。という物語を作ることで、鬱々を倍加させて……。しかしその一方で、なぜ私だけがこんな苦しみを背負わなきゃならないのか、その理由がひたすら知りたかった。

チャイルド・セクシャル・アビューズと一口にいってもいろいろ。私の場合日ごろ馴染んでる家の従業員によるそれだったから、五歳の私にはそれが新種の遊びのようなことに思えた。ある日、いつもは忙しい母に優しくされ、それがうれしくって私は母を喜ばせようとして、「こんな遊びをしてるんだよ」と耳に口を寄せてとっておきの内緒話をしたら、母が「ええーっ?!」と驚愕。直ちに男とその父親を呼びつけガンガンに怒った。

普通はそういうことが子どもの身に起きても、相手は近所の人や親戚だったりすることが多く、「あんたの思い過ごしでしょ」と子どもを抑えつける側に回る親が多いそうな。しかし私の母は躊躇なく怒り、そしてその後は一転、「アラ、そんなことあったかしら」という対応で。母以外の父や兄弟も全員がそんなふうだった。

いわば私の家族は正しく対応してくれたのね。それなのに……。「母があんなに怒るようなことが楽しかったなんて!!」と、以来私は自分を責め続けるようになってしまって。自分は悪い子だ、穢れている存在だ……と思い込んでしまったのです。

不快きわまるこの思い込みとの格闘が、いわばすべての始まりでした。

自分で自分を責めてしまうような気持ちをどのように解いていこうとしたのですか。

五歳から二六歳くらいまで、「私はダメだ、穢れてる」「なぜ私の頭の上にだけ石が落ちてきたの?」という想いでただ固まっていました。でも当時、ベトナム反戦運動が盛んで、ある時、「なぜ僕の足だけないの?」「なぜ僕のお父さんだけ死んだの?」と泣いているベトナムの子どもに気が付いて……。爆撃で手足や親・兄弟を失って泣いてる子どもは「私だ!」と思った。で、朝日新聞の読者欄に「一緒にやりませんか」と呼びかけて、ベトナムの被災児を助けるグループを作って救援活動を始めたのです。

泣いているベトナムの子どもは私だという、いわば自己救済の運動。だから南ベトナムも北ベトナムも関係ない、ひたすら彼の国の泣いている子どもが気にかかった。

しかし、傀儡政権だった南ベトナム政府とそれを後押ししているアメリカをなんとかしないと、泣いている子どもは増えていくばかり。ということに気づいてからは、グループの人たちと一緒にヘルメットをかぶって市民反戦の運動へとシフトして行く。

やがて、アメリカ軍が撤退してベトナム戦争が終わったら、政治の季節が終わって、性の季節が始まった。学生たちは、デモする代わりにそれぞれ相手を見つけて家庭を作り、闘いから去っていったのです。

でも、私の中では何一つ終わっていなかった。どうしていいかわからないままに山谷の運動や秋葉原で働く労働者の解雇撤回闘争などに係わっていったら、ある時突然マイクを渡され、集まった人を前に何か話してくれと頼まれた。でも、何もしゃべれなかった。「人間として」という視点でなにか言おうとするんだけど、ことばが出てこない。出てこないのは当然で、私は日常「女として」という視点でしかモノを考えたことがなかった。

何も喋れない自分に「ダメな私」と落ち込んだ。でも……、果たしてそうなの、私って本当にダメなの?という疑問が湧いてきた。やがて、私は自分の「ぐるり」のことから世界とつながっていきたい。そういうかたちでしか語れない人間なんだと、気がつく。

私の抱えている苦しみは、私が「女であること」と深く関わったものだった。そして自分のぐるりのことから世界へとつなげていかないと話せないのが女で、ぐるりのことから話そうとすると言葉に詰まるのが男だということにも気がついて……。べ平連や全共闘の運動を見て、そう思うようになった。どちらも男中心の運動だったから。

ニューレフトの運動がポシャった後に、「赤軍派」などの過激派が登場、偶然のことから私は自称革命家たちと知り合いに。でも間近で見たら、彼らのいう革命なんて男の安っぽいロマンに過ぎない。もう児戯に等しいものだった。彼らの言う非日常の武装闘争では、女は解放されない。女への差別は日常的なものなのだから。しょうがない、「結婚するんなら、運動やってない娘《こ》がいい」と何の疑問もなく言ってるような左翼の男たちとは袂《たもと》を分かとう。そう思い定めて、私は女たちへ呼びかけた。

ちょうどアメリカやヨーロッパでもそういう運動が起きていた。でも、私は英語がゼンゼンできないので、そうした動きは新聞に出ている以上には知りませんでした。だいたいリブの運動を始めた頃、私は絣の着物を着て家業の割烹料理店の手伝いをしていたのです。裏千家のお茶など習いながら。

ただ、あまりにも長い間「自分はダメだ」と思い続けたために、絣の着物を着る一方で、「この先もずっとこの惨めさがつづくのなら、こんな地球、ぶち壊れてもかまわない」といった殺意に近い思いを抱いていて、今で言えばアルカイダのような切羽詰まった気持ちで生きていた。そう、それだからリブの運動を始めることが出来たのね。それほど女性差別という視点で声を上げることは、当時大変なことだったんです。それっていわば、火のないところに煙を立てるようなことだったから……。

革命運動が「子どもの遊び」とはどういうことでしょうか。

リブを始める一年ほど前に、たまたま「赤軍派」の男たちと知人の家で知り合ったら、革命家気取りの男たちが「泊まらせてくれ」と押しかけてきたのね。ところが、夏で窓が開いてるのに大声で武装闘争の話をしたり、野菜炒めを作ってあげたらサッサと肉だけ食べてしまうような奴もいて、当然ながら、「こんな男たちに革命されてもなぁ」と思うようになったのです。

彼らの組織の女性たちはもっぱら電話番とか警察にパクられた人の救援役で、いわば下働きとして動いてるだけだったから消耗してどんどん止めていった。それやあれやを横目で見たり聞いたりして、彼らのいう革命なんて児戯に等しいと思った。

アメリカで起きていたリブに同調したわけでなく、自分の問題に向き合う中でリブを始め

たわけですが、運動の過程で何がわかってきたのでしょうか。

「くそっ、私が苦しんだのは『バージニティの神話』のせいだったんだ」と、まず気がついた。女はまっさらがいい、そして男に対していつも羞かしそうにしている控えめな女がいいというような価値観ね。そういう価値観がまかり通っているために、私は性的虐待を受けた自分を汚れた、ディスカウントされた女のように感じて苦しんだのです。

財産を自分の子どもに譲りたい。でも誰の子かわかるのは女だけだから、妻にする女には貞淑を求め、その一夫一婦の結婚生活では満たすことができない性的欲望は他の女に満たしてもらう。そんな両手に花の人生こそ成功した男の証とされてきた。そのせいで男は、女を「聖なる女」と「娼婦」に、つまり「母」と「便所」に分けて考えるようになった。

いわば女はそのような男の意識や欲望を通じて家父長制の価値観・秩序に組み込まれてきたわけです。すなわち純な気持と性的欲望の両方を合わせ持つ自分を裏切って……。

私のようにチャイルド・セクシャル・アビューズを受けたり、またレイプされたり、肉体関係のあった恋人に去られた女性が自分を「ディスカウントされた価値のない女」のように思ってしまう裏には、母と娼婦に女を二分してとらえ、「結婚するんなら処女がいい」とうそぶく男の意識があってのこと。
長い間そんな「バージニティの神話」に囚われて、自分を、無価値な者として否定し続けてきた私。しかし否定されねばならないのは、幼い私を性虐待した加害者の男のほうではないか。暴力を振るう男もそう、恥しいのは暴力男のほうだ。それなのに、「私がダメだから、彼は苛立つんだわ」とまるで自分のほうに問題があるように考えてしまう多くの女たち。昨今問題になっている「デイトDV」も、かって私が抱えた苦しみとまっすぐにつながっている。

自分を取り戻す上で、どういう障害がありましたか？

「男は山へ芝刈りに、女は川へ洗濯に行かねばならない」という社会的強制、つまり男は会社、女は家事という押しつけね、それをジェンダーといいますが、でもそういう外側からの抑圧だけが問題なのではないのです。あまりにも長きにわたってそういった強制を受けてきたために、私たちは自分から山へ、川へと行ってしまう人間になってしまっている。それこそが真の問題。
「女らしくしなさい」といわれたら反発するのに、恋人に「コンドーム付けて！」のひとことが言えない。また夫が居るのに、電話が鳴ると必ず自分が出てしまう。彼女らはみな、自ら〈川へ行ってしまう女〉なのです。

川へ行ってしまう女も山へ行ってしまう男も、余りにもそれが当たり前になってしまってて、女は無意識に走って受話器を取るし、男はベルが鳴っても我関せずと新聞を読む。共稼ぎなんだから家事を分担してもらいたい、と思っているにもかかわらず、男が難しい顔をして本を読んでいたら、テーブルを拭いてと言う前に自分でしてしまう。そういう良き妻をやりすぎた挙句に離婚したくなる女たち。それなのに男はニブい、気づかない。それだから離婚を言い出すのはたいてい女です。

「自由」とは自分以外の何者にもなりたくないという思いです。男だって自由になんか生きてない。でもその、「男はつらいよ」的生活を影で支えているのは女です。支えるのが女の務めと思い込まされてきたけれど、もうイヤだ。祖母や母のような「川へ行ってしまう女」にはなりたくない！〝私が私として生きてないのに、妻として母として生きられるか！〟とタンカを切って始まった女たちの闘い、それがリブです。

セックスまで、男まかせにしてきた私たち女。セックスは意識構造の核心。だから、そのところから女の解放を見ていかなくては……と考えたところがリブが、従来の女性解放と根本的に違うところです。

一九七五年の国際婦人年以降、フェミニズム運動が国連のお墨付きを得て、日本のお役所も積極的にかかわるようになり、運動の裾野が広まった。これはいいことね。

でも「私のぐるりから始まる運動」とは、言えないものに。どういうことかというと、外では男女共同参画社会の旗を振り、家に帰ったら料理したり電話に出たり当たりさわなく妻をやる、やることに大して疑問を持たないという女性運動になってしまったということです。

経済的に自立するだけでは女は解放されない。法や制度を変えていくと共に、「コンドーム付けて」と言えない、自ら〈川へ行ってしまう自分〉も変えていかないと。「男だって子育てしたい」といったキャンペーンをお役所がいくらやっても、山へ川へ自分から行ってしまう、そんな「自分を裏切ってしまう自分」が居る限り、私たちはジェンダーの呪縛からいつまでも自由になれないのではないでしょうか。

学者中心の今のフェミニズムと違って、リブは普通の女たちが自分の生き難さをなんとか変えたいと始めた運動でした。なにが問題なのかを、小人数で集まって話し合うことから始まったリブの運動。いわば七〇年代に起きた「#Me Too」運動よ。それがリブの運動でした。

自分を生き難くしている二つの抑圧。女はこうせいあおせいという外からの抑圧と、電話かかってくると夫より先にからだが動いてしまうという問題。そういうことを話し合っていくうちに、女たちは川へ行ってしまう自分を変えることと、法的・制度的抑圧や差別を変えることの両方が必要なんだと気づいていったのです。


「こうあるべき」という考えは、自分で自分を抑圧する元凶になりますが、「愛されないと価値がない」といった考えもその一因と言えそうです。

それは男の人にとっても同じよね。結婚しても、男は実は会社と結婚しているようなものので、家族から「いいお父さん」と言われても、それだけでは自分に価値があると思えない。そういう意味では、男も女も他者（上司や夫、恋人、世間エトセトラ）からの評価なしには自分を肯定できないという病を抱えている。

だから、「女だけが抑圧されている」なんて思ったことないのよ。ただ男の人のことまでは手が回らないから、男は男で、「会社と結婚しているような人生でいいのか！」と悩んだり怒ったりすべきじゃないのと言ってきました。

自由への根本的な欲求がリブにあったということですが、当時のメディアはそのことを正しく把握していなかったようです。

リブは「男は敵だ」と煽っているとよく報じられました。そんなこと一度だって言ったことないのに。

敵と味方、善と悪といった単純な図式にしないと「人々は物事を理解できない」とメディア自身が思い込んでいて、それでとかく言葉尻を捕らえて矮小化していく。

それってリブに対してだけではないけど、でも私たちの運動に対しては特にひどかった。〈男なら馬鹿でも殿様〉という社会では、女性解放を唱えるような女はひどい目にあわせないと承知できない。不安なのよ、既得権を取り上げられるような気がして。メディアを牛耳っているのはほとんど男たちで、彼らの女に対する嘲笑の裏には、常に不安が張り付いている。

バッシング報道がなされた中でも、運動を続けたわけですが、「どうして私の頭の上にだけ石が落ちたのだ?」という問いは解消されたのでしょうか。

トラウマっていわば一生もの。もちろん今は頭に石が落ちてきたのは私だけじゃないとわかってるし、もっとひどい石に打ちのめされてる人たち、たとえば父親が一家無理心中を図ったが、自分だけ助かったというような凄まじい石が落ちてきた人もいるわけです。そういう人の人生を考えると本当に胸が痛くなる。

でも、トラウマって、悪いことを生じるばかりではないのよね。私の場合、自分を「ダメな存在だ」と思い、自分の中にぽっかり開いたその穴を「ダメじゃない私」で満たそうとして、それで世のため人のために頑張ってこれたという一面がある。嘲笑されることがわかっていたのに、リブの運動に決起できたのも、また鍼灸師として二十五年もの間最善を尽くしてきたのも、いわばあのトラウマ——心に開いたその穴を、良きもので満たそうとしたからです。自分はダメじゃないということを、誰よりも自分自身に証明したかった、そうすることが自分への癒しだったから……。

私の頭に石が落ちたのは、たまたまのこと。「なぜ私だけに?」といくら問い続けても答えが見つからなかったのは、それが不条理に属するような事柄だったからです。

意味なんてない、たまたま起きただけ。それなのに、その、たまたま起きた事柄に支配されて一生暗いまま生きるなんて、とんでもない！　幸せに生きること、生き直していくこと、それが私の生きる意味だと、いつの頃からか思うようになりました。

他人の評価基準に照らして生きる必要なんてないのだ、という事実を認めた結果、自己肯定感を得たとするなら、生に対しても以前と違った見方を得たと思いますか。

生きていく上で大事なことは、三つあると思うの。

ひとつは食いっぱぐれないこと。

経済的自立というより、言葉そのまま。ちゃんと食べてへばらないで生きていく、ということです。元気な人は自分で稼げばいいし、病気や障害があって働けなければ生活保護を受ける。正しく福祉を活用することも大事なこと。私たちは助け合うために群れとして生きているのだから。

二つ目は、自分以上のものにも、以外のものにもなろうとしないこと。

他者から認められようとして仕事のできる人や誰に対してもやさしいいい人をやっても、そんなの「どこにもいない私」です。「どこにもいない私」が評価されたって、虚しいだけ。「男はつらいよ」の正体はこれなんだから、その後を女が追うのはバカげてます。

三つ目は、ゆるむことです。人生は、頑張りの連続だから、いわば交感神経がいつも緊張している状態で私たちは生きている。頑張ったり努力するのはいい事ですが、それも過剰だと話は別。何事も過剰は悪です。自立を目指して頑張った果てに、交感神経の緊張がとれなくなって、頭痛や不眠、食欲不振（または過剰食欲）、鬱になったという人が私の治療院にもたくさん来る。ゆるむことは、頑張ることと同じくらい大事なことです。

現代人は、苦痛や不快を我慢してこそ結果が得られるという価値観にならされています。

うちの治療所では、四季を通じて、男性にもズボンの下にスパッツを履くよう勧めて て、履いて三か月もすると「この頃、冷えがわかります」とみんな必ず言い始める。男は冷え症にならないのではなく、「からだのことをあれこれ言うのは男らしくない」というジェンダーの呪いを代々生きてきたから、女に比べるとからだ感覚がとても鈍くなっている。鈍いと病気を芽のうちに摘み取ることができないから、それで男は早死になのよ。

からだ感覚が鈍い人は、妙にくよくよしたり、自分を責めたくなったり、他人のことがヤケに気にかかったり眠れなくなったりする時は、「からだが疲れているせいだ」と気づかないとね。〈からだは心・心はからだ〉ですから、人間、疲れてくると自己嫌悪が強くなったり、クヨクヨしてくるものなのです。
私たちのからだは快がわからないと、不快もわからない……というようにできている。それだから、疲れたときは早く寝るといった養生を通じて、からだを快に戻していくことが大事。苦痛を我慢することで得られるマゾ的な喜びや達成感というものから自由になるためには、「食べたくない」というからだの声に気づいたらスグにからだを休めるというシンプルな生きもの感覚を獲得していかないと……。

著作の中で、家業を手伝っていた二十代のとき、「今の生活とはまったく違う生活が開けてくる」という確信があったと書かれています。と同時に、「私を決定づけているものは、私の選べなかったもの」とも記されています。自分の選択できないものが、自分を決定づけるとはどういうことでしょうか。

私はチビで、チャイルド・セクシャル・アビューズというトラウマを負ってて、虚弱で、尋常高等小学校出の学歴のない両親のもとに生まれました。これらはまったく自分が選んだことではなく、いわばたまたまのこと。でもマイナスだと思っていたそれらの事柄は、気がついたらその多くがプラスの事柄になっていました。

たまたまチャイルド・セクシャル・アビューズを受けたために、「女であること」にこだわらざるを得なくなって、そのおかげでリブの女になれた。つまり他人の目に左右されずに自分を生きていく強さを持つことができたってわけね。

また、たまたまからだが弱かったから、自分のからだをなんとかしつつお金を稼ごうと、鍼灸師になることができた。「女性差別」と「虚弱なからだ」は、私にとって他者と最も分かちあえる事柄です。それゆえその二を生涯のテーマにすることができた。

そして私の親は学歴のない分、理屈でこうせよああせよと押し付けてくる親ではなかったので、世の中の価値観や権威を押し付けられることなく、ノビノビと育つことができた。

そういったことを思うと、この世に起きる事は完全に善いことも、完全に悪いこともないのではないか……という気がしてきます。悪いことは悪いことだけを生むわけではないし、良いことも良いことだけを生むわけではないのだから。

〝人の解放とは、被害者意識からの解放だ〟と田辺聖子さんは言ってます。つまり「私はダメだ」という思い込みからいかに解放されるかということよね。

被差別部落に生まれたのも、在日朝鮮人に生まれたのも、女に生まれたのも、チビに生まれたのも、鼻ペチャに生まれたのも、みんなたまたまの事なのだから、そんな本人が選べなかったことで人を差別するのは、そもそも恥ずかしいことなのです。

私は未婚で混血の息子を産んだけど、差別は、するほうが恥ずかしい問題だと固く思っていたから、嫌な目に合わなかったわけじゃないけど、ほとんど覚えてない。息子ものびやかに育った。

誤解しないでね。差別なんて気にしなければ平気……といいたいわけじゃないのよ。差別はそんなヤワなもんじゃない。ただ、差別されるほうが恥ずかしく思ったり脅えたりすれば、差別する側を付け上がらせるだけ。それだから、「差別はするほうが恥ずかしい」という考えが常識になればいいって思うのね。

そういう考えを持ってると被害者意識に過剰に落ち込まないですむし、同じように考える人とつながっていくのが容易になる。そう、私たちは点から面になることで、より強くもなれるし、自由にもなれる。

とはいえ善悪を、自分を離れた固定的なものとしてとらえがちです。

人は幸福になるために生きている。でも幸福は青い鳥みたいなもので、なかなか手に入らないと多くの人が思っている。またこの世には〇の出来事と×の出来事があって、〇が多いほど幸福になれると思い込んでいる人も多い。でも、そういった考えが、実は不幸の始まり。

結婚はマルで、良いカードだと思われています。でも、ホントにそう？　選んだ相手が不誠実だったりお互いの相性が悪かったりで、結婚したせいで不幸になる人も仰山います。

子供ができたらうれしい、だからこのカードもマルと思われてる。でも生まれた子が無条件でかわいいのは十歳くらいまでよ。子育ては難しい。良かれと思ってやったことが裏目にでて、息子や娘が非行に走ったり、親子で憎しみ合うことも珍しいことじゃない。そうなったら、あぁ子どもなんて生むんじゃなかったと、〇だったカードが×に思える。

マルからバツへ、バツからマルへと反転するのがこの世の理《ことわり》。物事の善いこと悪いことは単純ではなく、いわば私たちはパラドックスを生きているといってもいい。

それなのに、「これは善くて、あれは悪い」と、善いことだけを集めようとして、他人を蹴散らしたり、自分に無理をさせたりする。幸せになるためには良いカードをかき集めなくては……という思い込みがなくなったら、人はもっと優しくし合えるし、幸せになるのではないかしら。

そう思うと、悪い状況でも過剰に絶望する必要はないんじゃないか、と。「これは絶対に良くない」ということがあるとしたら、「過剰」は間違いなくそのひとつです。まじめだって過剰は悪だもの。まじめに思い詰めて「もうダメだ」と思ってると、降り注ぐ日ざしも花も見えなくなる。まじめや一途は、過ぎると人から楽しさや余裕を奪っていきます。

からだに起きることもそう、過剰は悪よ。食べ過ぎるのも食べなさ過ぎるのも両方良くない。汗も出ないとマズイけど、出過ぎたらエネルギーを失う。呼吸もしなければ死ぬし、しすぎれば過呼吸になってしまう。小宇宙のからだは告げています。何ごともバランスが大事だと。

でもね、矛盾することを言うようですが、若い時は過剰故に苦しむのも悪くないような。青春ってそういう季節だから、そのように生きるのがいい。「災難に逢う時節には災難に逢うがよく候」よね。若い時に受験や恋愛に失敗して打ちのめされ追い詰められるのも、そういうことが皆無の人生とは較べられないくらい、いい人生なんじゃないかしら。そんな気がする。

Ⅲ

その昔、カメラマンの恋人と三里塚で開かれた
ロック集会に行って踊るノリノリの私、29歳。
好きこそものの上手なれ…って言いますもんね。
踊りや歌、好きなんです、上手です。
リブ時代の活動も、優生保護法改悪を阻止したり離婚の法律相談や
共同保育等よくやったと世間から思われ自分でも思うけど、
でもなんといっても一番は,「ミューズカル・おんなの解放」だわね。
今でも機会があるとその中で歌われた、
「パワフルウィメンズブルース」を歌いそして踊りたがる私。
そうそう、最近この歌をシンガーソングライターの
RIQUO さんがリニューアル。
この、凄くほどカッコいい歌になった
「新パワフルウィメンズブルース」(作詞・田中美津　作曲 / 演奏 / 歌・RIQUO)。
聴きたい人は〈RIQUO〉で検索してみて、きっと気に入る。

III

生きるってなんだ、死ぬってなんだ

『北日本新聞』一九八三年八月一三日、私40歳

むかし、ニワトリは恋をした。卵を産んだ。ヒナをかえした。一日中地面を突っつき返して、虫を食べた。菜っぱや残りごはんも食べた。トリ小屋は臭かった。ウンコが汚いと思った。すぐ突っつき合ってアホやと思った。

あたしと違って、母はニワトリが好きだった。夕暮れ時、母はジーッと一人、ニワトリを見てることがあった。ニワトリが嫌いな者も、好きな者もいて、そしてニワトリもいた。そんな風にあたしたちは暮らしてきた。

いまニワトリはコンクリートのゲージの中。ブロイラーと呼ばれる、一見ニワ

トリ、たぶんニワトリみたいなニワトリが、ベルトコンベアーに乗ってやってくる。

もうニワトリは臭くない。汚くもない。けんかもしない。恋もしない？　地面も突っつかないし虫も食べない。こどもたちがほうり投げるパン屑を追ってトコトコ駆けることもない。

自分以外のニワトリもロクロク知らない。だから、たぶん自分がニワトリだということも知らないだろう。

生キナカッタニワトリハ、死ニモシナイノダロウカ。ソレトモ彼ラハ、生キナガラ死ンデルノダロウカ。生キナガラ死ンデルニワトリヲ食ベテイルアタシタチモマタ、生キナガラ死ンデクコトニナルノダロウカ……。

核戦争も怖いけど、明日もあさってでも「平和」で、その実一人一人が内部から変質し、崩壊していっているような、このいまの「平和」が怖い。

III

これっきりの私

初出不明、二〇一〇年執筆、私66歳

いうまでもなく鍼灸は、人間相手の仕事です。

「治療の腕が上がれば、患者はおのずと来てくれる」ということは、事実に裏付けされた真実。

が、ここにもう一つの真実が。それは、「来ない患者は治せない」ということ。

起きたばかりの軽い腰痛なら一回の治療で良くなるかも。しかし慢性病だとそうはいかない。

それに、そもそも病は治すものではなく、治っていくものだといわれてる。

それゆえ治療は積み重ねが大事。つまり、患者が続けて来てくれるかどうかは、実は治るかどうかの核心につながる事柄なのです。

今から二八年前、私は鍼灸学校を卒業と同時に開業。といっても、ビルの二階にあった知り合いの編集事務所の一角を手染めした若草色のカーテンで囲んで一台ベッドを置かせてもらっただけの治療所で。いいのは地下鉄「新宿御苑前」から徒歩三〇秒という地のりだけ。もちろん看板の類はいっさい出せなかった。

もう木にしがみついてるセミのような、チッポケな治療所よ。でも気持ちは高揚、展望は楽天的。

「一人、二人と患者が来て、その人たちが続いてくれれば、何とかうまくいくだろう。でもうまく行かせようと無理して愛想よくするなんて絶対にいや。いつもこれっきりの私で行きたいわ」

と、考えていた。

「これっきりの私」ってわかるようでわからない言葉よね。

達筆で腑甲斐ないこと言うてくる（生島白芽）

反骨の猿で前歯が欠けていた（海野善夫）

これ、田辺聖子『川柳でんでん太鼓』（講談社文庫）に出てくる「これっきりの生きものたち」だ。「これっきり」を笑いつつ、「生きてるって可笑しいね、せつないね。でもいいよねぇ」

と、あの人懐っこい笑顔で聖子さんは伝えてくれる。

いわば川柳って人間学の真髄で、それゆえ人間相手の仕事には、彼女の本は必読の書だ。

修身にない孝行で淫売婦

獄中死したプロレタリア川柳作家鶴彬《つるあきら》の作品です。

こんなのもある。


すこし明るいのは病人が死んだから（定金冬二）

身内の死は悲しい。しかし長く寝付いていた人が死んで、ほっとする気持もなくはないという家族の正直な本音。

「なんかわかるなぁ」と苦笑する私はたぶん、わかる人の匂いをそこはかとなく放っているのだろう。そう、「これっきりの私」の匂いをね。

そしてその匂いに安心や共感を覚える人たちが、患者として残っていく。にがい笑いであれ、明るい笑いであれ、笑いのツボが一緒だと、付き合っていくのがラクだし楽しい。それゆえ、関係も長く続く。

結局、開業以来一度も看板を出さずに今日までやってきた。でも、患者が来ない心配だけは、したことがない。いや違う、患者が来なくても、心配したことがないだけだ。

儲からなくても仕事が楽しい、日々が楽しい、体の調子もまぁまぁだ……というふうに生きたければ、「これっきりの私」で生きていくのが一番よ。

ま、そうわかってても、心に不安があると、なかなか「これっきりの私」にはなれない。私だって、年月かけて、「これっきりの私」になっていったんだもの。

財や名声に執着しない〝降りていく生き方〟が昨今人気らしいけど、「これっきりの私」を良しとする気持と健康抜きには、降りたくても、怖くてなかなか降りられないのが人情。

さて川柳は奥深い。某日毎日新聞にこんな川柳が載っていた。

良心に恥じることなく生きた悔い（宮本佳則）

あぁ人生よ、人生よ……。

泣いているヴェトナムのこどもだった頃……

『思想の科学』一九八四年三月、私39歳

過激なオッチョコチョイ、という性格は、まったくもって母親ゆずり。おかしい女でね。いつかのクリスマスの時、しきりに「何が欲しいの？　ええ？」と息子に聞く。「お母さん、ダメよ。ウチはサンタがプレゼントくれることになってるんだから」と注意したら、「じゃあ、ナニかい。あたしがあげても、サンタがあげたことになっちゃうのかい？　それじゃやツマンナイじゃないか」と言って、とうとう何にもくれなかった。

たやすく肯定もできなければ否定もできない、グレートマザー（太母）のような母である。

人生の最初に〝この母ありき〟だったんだから、よかったような悪かったような。

「確かに子どもにとって、母親は限りなく優しく感じられるにしても、人間であるかぎりそれは本来的に有限のものである。しかし、そのような有限の個人的経験を超えて、われわれは「母なるもの」とでも呼びたい普遍的な元型を心の中にもっており、それが太母の像として意識化されるわけである（略）自我がその小さい萌芽を現わすとき、世界は太母の姿をとって顕現する（略）わが国の例でいえば、何でも受けいれ、育ててくれる肯定的な太母像としては観音菩薩がその一例であろうし、何ものも呑みこむ否定的な太母像としては、昔話の中の山姥などをあげることができる」（河合隼雄『昔話と日本人の心』岩波書店）

母なるヒトの情の深さは、その〝呑みこむ力〟に比例する。我家の場合、兄は家を買ってもらい、車を買ってもらいしながら、グイグイと呑みこまれて、今じゃ正月に家族で旅行に出かけても行く先を母親に告げない、といった程度の反抗がせめてもの人生を生きている。

弟も、結婚してからはなるべく実家には近づかない、という形でしか虎口を脱しえず、姉はといえば、これはもう完全に呑み込まれて、離婚の前も後も、母と一卵性双生児のようにして生きている。

あたしだけがからくも健在？なのは、運命の気まぐれから幼くして一人、母なき荒野に放り出されたせいだろう。

――七歳のあの時、母は唯一無二の存在だった。男にイタズラされたから不幸だったのではない。その事実を唯一無二の母に告げた時、あたしは〈世界〉から見捨てられた。いや、その時〈世界〉は混沌たる痛みとして呈示された、というべきか。あたしは泣いてるヴェトナムのこどもであり、漂泊する命だった。

いつも何かボーッと考えている。何を考えてるかというと、何も考えていない、ただただ無意識を彷徨《さまよ》っている。だから何も予定のない日曜日なんか、下手すると洗濯しただけで一日が終わってしまう。

カウンセリングしてる友人に言わせると、性格が内向的すぎるのだそう。そう言うとみんな笑うけど、あたしの場合外界からあまりにも退く傾向が強いから、逆に、意識的に外の世界へ、ソレーッと飛び出すようにしないと、心が均衡を失ってしまうのかもしれない。何日も家から一歩も出ないで、誰にも会わずとも、平気で暮らしていけるのだから。

昔はこういう傾向が、もっとひどかった。もう　内なる世界とのつながりが強すぎちゃって、外とうまくつながっていけない。こんなことがあった。

市民反戦のグループを一緒にやっていたある青年が、長野に転勤することになりそうで……と家まで相談にきた。

そうねえ、結局あなたがしたいようにするのがいいんじゃない？とかアドヴァイスしても、相手はあァとかウーンとか言うばかりで、ハッキリしない。そうこうしてるうちに夜が更け、仕方ないので泊まらせた。

なにごともなく朝になり、その日もまた退社後「相談」にやってきて、きのうと同じ、あァとかウーンとか言うばかりで夜が更け、泊まっていく。

その又次の日もやってきて……、となんと一週間も延々と「相談」が続いたのだけれど、それをヘンとも思わずにいたんだからニブかったなあ。

たぶん、私と一緒に長野へ行きたかったのだろう。誠実ないい青年だった。結婚するのならアイツだったなぁと、今でも思う。そんな相手だったのに……。ヒドイよね。あまりにも鈍感。人間関係、人間関係とよく言ってきたけど、果たしてこの目にチャンと他人が写っていたのだろうか。

生まれつき内へ内へと入ってしまう性格なのか、それとも人生のホンの入口のところで、ガーンと一発喰らって打ちのめされて、それでこうなってしまったのか。それは誰にもわからない。ただ陰なるもの、負なるもの、孤なるものへと、どうしようもなく心が魅かれるという、そういう心性の持主として、あたしはかけがえのない自分だけの世界を生きてきた。

某日某所で「ミツさん、ひどいじゃない。あなた、女から旅行に誘われると『ア、あたし、男でなけりゃダメなのよねえ』って言うんだって?」と追求された。

十年も前のハナシをムシ返されてオタオタしながら、「だって女、怖いんだもの」。少し考えて「ア、あたし、男も怖い」。また少し考えて「こどもだって、怖い」とつけ足して。ああ、これは本当のあたしの気持だ、とその時思った。

「女」が、「男」が、「こども」が怖い。昔はもっとズーッと怖くって、中でも「男」が怖かった。

男が怖い、は結婚が怖い。付き合ってる男が「結婚」ということばを出すと、からだのどこかがピーンと強ばった。

五歳の時に知った親・子であっても他人の始まりという真実。であれば他人はさらなる他人であって、その他人同士が、どのようにつながっていくのか、いけるのか、わからない。普通はわからなくとも、みんな平気で結婚していく、いけるのだ。それなのに……。

まれに男を好きになることがあった。それも決まってダメ男。少年の純なる心さえ失っていなければ、男は淋しい方がよい。貧しい方がよい。疲れてる方がよい。あたしはいつだって「悲恋」に恋をした。

金輪際〝いい夫〟にはなれそうもない男が、金輪際〝いい妻〟にはなれそうもない女に、ふさわしかった。会った時から別れが約束されてることの、なんというやすらぎ。失うことが唯一得ることだったあの頃、さすらうしかない季節を、あたしはさすらって……。流れ流れてメキシコで、初めてこどもを宿し、初めて産んだ。

糸車がカラリと廻った。こどもという、抜きさしならぬ人間関係を、初めて持った。生きていかねばならない理由ができて、うれしかった。

こどもの父親はメキシコ人で、もうダメもいいところ。彼はユダの孤独を生きていた。毎晩のようにうなされながら。

そのうめきを聞きながら、この人が地獄に堕ちるのなら、共に堕ちよう、と震えながら思った。それはいつか一度はやってみたいと思っていた役柄だった。そうじゃなかったら、あのメキシコに、四年と三カ月も居るものか！

苦しむ男と共に地獄に堕ちていく、という甘美な幻想の代価を払い続けたメキシコ暮らし。大体あたしがそういう美しい役やってる傍らで、相手は、というと——。

男は、夜は確かにうなされて、あたしと苦しみを分かち合う。ところが朝になると、シャワーを浴び、スッキリした顔で入念に服を装え、一人ダテ男となって家を出る、甘いコロンの香り残して。

ワインのひと瓶でもあれば、たちどころに陽気になれるという男相手の生活は、ただでさえなんとなくワリを喰ってるカンジがするのに。この男、出すべき金は出さず、追わなくてもいい女の尻は追うという、典型的なメキシコ男で、もうまいったね。

腕に〝美しいあたし〟をかかえ、背中に生活と子育ての重荷を背負って、あっちにヨロヨロ、こっちにヨロヨロ。拍手のないところでのガンバリは、つらい。これ以上は病むか死ぬかというところまで追いつめられて、遂にあたしは孤立無援のヒロイン役をあきらめた。

もはやこれまで！　さよならを言う代りに、背後から男を刺した。男が得意とする裏切りをもって……。そうやって男と同じ地面に立った時、風に揺れる野草の、アッケラカンとした自由が残った。無性に淋しかったけれど、この淋しさのままに生きていこう、とあの時あたしは心に決めて――。

メキシコに行ってよかったと、正直思う。日本のこの湿っぽい風土――共にうなだれ共に泣く、情緒纏綿《てんめん》たる娘義太夫の風土じゃ、あたしの憑きものはタブン落ちなかったに違いない。といっても人間モトはそう変わらない。泣いている人がいればすぐ駆けて行きたがる、オセッカイな性格は今もそのままだ。

ただ〝美しいあたし〟を視たいがために、他者を必要としてきた、そういう〝美しくないあたし〟は、もう居ない。今は純粋に「あなた」が好きで気がかりで、駆けて行く。そういうあたしに東洋医学はよく似合う。患者の肌に触れるこの手、ハリを打つこの手は、あたしの確かな現在だ。あたしはこの手で考え、この手で他人（ひと）とつながっていく。〈人間が人間をさいごまで手放さないという共生の原理〉（べっしょちえこ『軽く軽く舞え』日本看護協会出版部）をさぐっていく。

あきらめの中から、少しずつ自分をとり戻していったら、他人のリンカクもまたハッキリし始めて……。段々と自分が視え、他人が視えてきたら、人間関係が少しずつ怖くなくなってきた。

いやまだ少し、女や男やこどもが怖い。だけど、これ位の怖さは、持っていた方がいい怖さだ。この怖さがあるからトキメキもあるという、そういう怖さだもの、それは。

「一人で生きられぬ者は、二人でも生きられない」とヒトは言う。長い間あたしもそうだと思ってきたけれど、しかし、他人《ひと》に甘えられるということもまた、関わりの大切な部分じゃないかしら。泣いているヴェトナムのこどもだった頃、あたしは誰にも甘えることができなかった——。

いま、あたしには好きなヒトがいる。稼ぎは少なく、少し淋しげで、時々疲れているみたいだけれど、しかし全然ダメじゃない。母だって褒めそうな、マジメで毅然としてる性格を、あたしもまた素直に好いている。

ダメじゃない男の傍らにいるあたしは、ヒマワリのようだ……と、この際だから言わせ欲しい。

III

1995アッセンブリー「考えを拓く」大阪女学院短期大学にて講演、私52歳

マルとバツ

みなさん、こんにちは。田中美津です。この会場いいよね、みんなの顔が見えるから。見えない会場がよくあって、つまらないの。ここから見ると、居眠りしている人もよく分かります。私は声がいいので、どうしてもこの声を聞いていると、おなかいっぱいだし、眠くなる人もいると思うのだけれど、大丈夫よ。睡眠学習法というのもあるのだから。学問は都合よく利用しなくては。

さてご存知のように私の仕事は、鍼灸です。それでご飯食べている。鍼灸の仕事といっても、みんな何のイメージもわかないでしょ。うちの場合は患者の八〇％以上が三年以上来ている人で、毎月一回、もしくは二回来る人の傍らで、何年もポックンポックンポックンポックンと一緒に歩いていくのが仕事。鍼で応援、口で応援しながらね。

人間は閉鎖系の生きもの

一九歳の息子がいて、大学一年生です。未婚で産みました、メキシコで。そして鍼灸の仕事をしていないときは、いまは本を書く仕事に追われています。本を書く仕事に追われていないときは遊んでいます。どんなふうに遊ぶのか。私は、買い物や人のいる場所がニガ手。自然が好きです。といっても、うららかな光に包まれて、ぼーっと風に揺れるタンポポを見ているのが好きといった程度の自然好きですが。

知ってます？　私たち人間は、植物を裏返したものだといわれています。ポケットをひっくり返すように、からだをひっくり返すと、私たちは植物と同じようなものになる。植物は直接大地と接して、エネルギーを吸い上げているでしょう。または直接葉っぱで光合成を行っている。いわば人間は、それを体の中でやっているわけです。

だから植物は開放系で、私たちは閉鎖系。私は、何十年も何百年も生きているような木に会うと、つくづく「偉いなー」と思うのね。雨が降ろうと槍が降ろうとずーっとそこにいて、風や湿気などあらゆるものを自分の力にして大きくなっていくなんて、見上げたものだと私は木を見上げながらいつも感嘆するのです。

そういう植物を、ずーっとたどっていくと、彼らは私たちのいわばご先祖。私たちのからだが植物を裏返したものであるのは当然で、生きものとして私たちと植物はつながっている。それだから私が木々を見ながらポックンポックン歩いたり、風を感じたり、光を感じたりしていると、なんだかとても懐かしい気がしてくるのね。

そういう状態を私の言葉でいうと「ほげーっ」って感じ。顔もからだもゆるんで「ほげーっ」になると、おのずと気持が「ぱらーっ」としてくる。仕事をしたり、ものを書いている状態は集中してるから、音でいえば「きゅーっ」ってかんじ。自然のなかにいると「ほげーっ」で「ぱらーっ」。「きゅーっ」と「ほげーっ」「ぱらーっ」、このバランスが大事。でもキャリアをもってがんばっている人たちには、どうしても「きゅーっ」が多くなる。

メキシコに四年間いた時に、メキシコ人からよく言われました。「日本人というのは、生きるために働いているのではなくて、働くために生きているのではないか」と。たしかに「仕事ができる」とか、「頑張ってるね」っていわれるような働き方の人が多い。それっていいことなのよ。でも、あんまり求心的なエネルギーばかり出してると、自分をゆるめることができなくなる。「ほげーっ」とならない人になる。それでメキシコ人から見れば、仕事をするために生きているように見えてしまう。

今日はそのあたりから少し話をしたいのですけれど、「きゅーっ」も「ほげーっ」もできる人なら、頬に風を感じれば気持はすぐにタンポポに。そう、風がやさしく吹いてるというただそれだけのことで気持ち良い人になれるのね。

今年の夏、私のビッグイベントは、何だったと思いますか。ウフフフ、私、浅草のサンバカーニバルで踊ったのよ。八月二六日のメチャ暑い日に。どこかで開かれたコンサートでは一〇〇人ぐらい暑さで倒れた人がいたという暑い日に、五〇分ぐらい浅草の街頭で踊ったの。

サンバって、「私が世界で一番いい女よ」という踊りです。だからすっごく気持ちよかった。三〇人ぐらいでヒラヒラの付いたかわいい格好して、それに男二人も同じ女装で加わって、踊ったのね。

八月二六日といえば、ちょうど国連主催の北京会議が始まる直前で、ノンキに揺れているタンポポ頭で私も考えましたよ。他のフェミニストたちが北京へ、北京へという時に、浅草でサンバ踊ってて、いいんだろうか。

物事を見ていく仕方って最低でも二種類。マクロ的に把握していきたい人と、身の回りのミクロから入っていってそのことが世界とどうつながっているのか見ていきたいという、その二種類があるのではないかしら。

ある人が言うに、高級雑誌『タイム』を読む人は大きなでき事から世界を把握したい人なんだそう。物事をマクロ的に把握したいわけね。北京に行った多くは、そういった人たちだったのではないかしら。

でも私は違う。身の回りの小さいでき事や気づきから世界と出会っていきたい方だから、北京に行かずサンバを踊っていました。

日本のフェミニストが全部北京に行かなくてよかった、よかった。孤塁を守る者がいて。ハハハ、ジョーダンです、もちろん。

さて、治療院に来る患者は、これまた大きく二つのタイプに分かれます。一つはノーが云えずにニコニコしてるタイプ。いい感じの人をやることで生き難さを減らそうとしている人たちで、このニコニコタイプは、日本人に、最も多い。これはタイプCといって、統計上もっともガンになりやすい。

もう一つのタイプというのは、さっき言った、いわゆる仕事のために生きてしまうような、目的意識をもって全力疾走したがる、意味のあることをやり続けたいタイプ。「ほげーっ」になるのがニガ手な人ね。これはタイプAといって、わりと中国人に多いんですって。この人たちは、脳溢血とか、突然死しやすい。頑張った果てに燃え尽き症候群にもなりやすい人で、突然倒れる人には、このタイプAが多い。

この二つは一見正反対のように見えるでしょ。一方はバリバリ頑張る人で、もう一方は穏やかで常にニコニコしてるタイプ。でもね、ひとつだけ共通点があるのです。それは、自分の居場所がない人だということ。ニコニコしてる人は、いい感じの人をやることで、なんとか自分の居場所をつくろうとしている。仕事のできるほうもそう。できる女、必要とされる女になることで居場所をつくろうとしている。ニコニコ感じよく振るまうのも、仕事熱心も適度なら問題ない。でも、過剰はダメ。何ごとも過剰は悪なのね。

○のカード、×のカード

私もそうだけれどみなさんも、小さいときからしつけとか教育を通じて、この世の中にはマルのカードとバツのカードがあると思い込まされてきてるはずです。

感じよくしているのはマルよ。ぶすっとしてるのはバツ。勤勉やてきぱきしてるのはマルです。自分のなかにこもってしまったり、暗い顔はバツ。自分の意見をはっきり言うのも、日本ではバツであることが多い。

マルのカードを多く持つ子が先生にほめられて、マルのカードが少ないと叱られるということを、いわば反復学習しながら私たちは大きくなるわけね。そうすると、マルのカードが多くなればなるほど、幸せになれるのだと私たちはたぶん錯覚してしまうのだと思います。その結果言いたいことも言わないで、ニコニコしてるような人になっていく。また努力したり、頑張ってないと不安な人にもなっていく。

でも、みなさん、これは誰も教えてくれないことだけれども、幸福というのは、状態です。状態にすぎない。あったかーいおうどんを食べて、ああ幸せ。彼と寄りそって歩いているときに、彼の体温を感じて、ああ幸せ。幸せってそんな状態のことなのです。

それなのに、「マルのカードが多ければ多いほど幸せになる」というふうに思い込まされている私たちはみな、いわば「たら幻想」の被害者です。「いい男が現れたら」「いい学校に入れたら」「足が細くなったら」「宝くじに当たったら」「リビエラに行けたら」……そうなったら幸せというたら幻想。でも、たら幻想では、人は幸せになれない。

なぜなら幸せというのは、究極的には身体感覚として感じていく事柄だからです。楽しさを感じる力とか、気持ちのよさを感じる力とかが、その人のなかに育っていなければ、値引かれた幸せしか手に入らない。

子供だった時のことを考えてみて。もう日が暮れるまで、遊びに没入したでしょ、夢中になって……。もう楽しさを感じる力一〇〇%で生きていた。赤ちゃんなんかもそう、気持よさを感じる力一〇〇%で。もうもう、快か不快かだけで生きている。私たちみんなそうだった。ところが、マルを増やせ、バツには近づくなと言われてるうちに、からだぐるみ感じる楽しさや気持のよさが分からなくなっていく。

私は東洋医学の人間だから、ちょっと東洋医学の話をすると、東洋医学は陰陽の世界観で成り立っていて、あらゆるものを陰と陽に別けていく。月とか、女、地面は陰で、太陽とか、男、空とかは陽。何となく「陰より陽がいい」と思うかもしれない。女は陰だから、万事控えめにふるまうべきなのだと説く人がいたりして。ところがところが、陰であるということは、命の根本だということなのです。母なる大地という言葉があるけど、陰であるところの大地、ここからすべてが生み出されていくのです。

女が陰であるのも、大地と同じで、いのちを生み出す力は女の人がもっているということを現している。

女の人はみな陰で、これは絶対的なこと。

しかしその一方で、陰陽は変化なのです。だから、私たちは存在的には陰でも、たとえばすごくアクティブに活動してるとき……例えばサッカーしてボールを蹴ってる状態だと陽なのです。男もそう、存在的には陽でも、静かに瞑想している状態は陰。また、女は陰でも親として子どもに対している時は陽になるという具合に、陰陽というのは状態によって無限に変化していくのです。

自然界ではどんなふうに変化するか。地上にあるのは陰気です。見えないけれども、水蒸気みたいなものだと思えばいい。地の陰気は、太陽の陽気に温められると陽気化して、ドンドン上に昇っていく。そして一番上まで上がると、陰陽は極まると変化するから、陽は陰になって雨や雪となり、再び地上に還っていく。

みなさんだって同じよ、あんまりはしゃぎすぎると、後で落ち込むでしょ。極まると、陽は陰になり、陰は陽へと状態を変えていくものなのです。さっき燃え尽き症候群の話をしたけれど、シャカリキに頑張った果てに、もう何もやりたくないという状態になるのは、実は自然なことで、そういう状態にすることで、いのちは心身を休ませようとしているわけね。

陰は陽へ、陽は陰へと、万物はすべて極まると流転していく。マルとバツも同じです。マルばっかり集めれば幸せになれると思い込まされてますが、そんな単純な話ではないのです。

真実の半分はすでにウソよ

もうすぐ大阪にも来るかな、映画『レニ・リーフェンシュタール』っていう映画。レニさんは、ヒトラーに気に入られてベルリン・オリンピックの『民族の祭典』という映画を作った女性で、この、彼女の人生を描いた映画を見たときに、私はあっ！と思いました。レニさんって、生まれた家は豊かで、たぐい稀な美貌で、体は頑健。スカートはいて、ものすごく切り立った岩壁を裸足でよじ登っちゃうような人なのね。からだは頑強、頭は抜群、センスは最高、理知的で大らかで、忍耐強いと、どこをとってもすごい人で、一言でいえば、真夏の太陽みたいな人である。もう誰もがうらやましくなるような人。その人のそばに立った人は、みんなおのずと月になってしまうような。

美しく、たくましく、りりしく、荘厳。もう、ヒトラーが好むアーリア人のイメージそのものよ。白い顔をして、金髪で、頑丈で、なんというか見るからに「おお、アポロン」って感じの。あまりにも太陽みたいな人だった。

表現というのは自分あってのものだから、どこもかしこもピカピカのレニは、映画を通じて、翳《かげ》りというものをまったく持たない人物像を創出。結果的にヒットラーを喜ばすことになってしまった。そしてそれがために彼女は戦後、厳しく弾劾されていく。


マルはずっとマルではない。バツはずっとバツではない。レニは極まったマルそのものだったために、大きなバツを生じさせてしまった。

私はかなりまじめ人間ですが、一方でとてもミーハーです。ここに来るまでに私が一番気にしてたことは、今朝頭を洗ったせいで、髪のかたちがヘンになってしまったってこと。そんなつまらないことを気にしているような、大したことのない女よ。でもそんなミーハーだから、五一歳でサンバカーニバルで踊ろうなどと思うわけです。

私たちは「そりゃあいいことだ」とか「悪いことが起きた」と一喜一憂しがち。しかし、そこからどんなふうに物事が展開していくか、それは誰にもわからない。わかっているのは、マルはずっとマルではなく、バツはずっとバツではないということ。そうであるなら、どんなことが起きようとマルだ、マルだと喜んでいればいい。あるときから、そう私は考えるようになりました。

川の流れに足を突っ込むでしょう。そうすると、確かに川の水と触れるわけです。そして、一〇分後にまた足を入れてみる。同じ川です。でも、足をぬらすのは、さっきの川の水ではない。川は流れることで流転していく。

あるフランス人のシンガーはこんなふうに歌ってます。「リンゴの半分はいつだってリンゴだけれども、真実の半分はすでに嘘よ」。

みなさんの中にもいるでしょう? 過去、こうこうこういうことがあったから私は不幸なのだと、何回も起きた事実を反復しているような人が。たまたま起きた不幸を絶対的な不幸にしてしまうのは、そういう人です。実は私もそうだった。そんなふうにさ迷ってる年月《としつき》がものすごく長かった。

Child Sexual Abuse と横文字だとなんだか格好いいけど、幼児への性的虐待のこと。いま沖縄で起きているような、あんな悲惨で悪辣なものではないけれど、幼女の頃に私は自分のウチの従業員からそれを受けたことがあるのです。

ただね、みなさん、そういうこと言うと、すぐ顔を伏せてくれる人がいるんですけど、ウン、さっきから伏せている人は寝ているだけだけれど、いま伏せた人は心が優しい人なのかも。Child Sexual Abuseは不幸な体験、ミツさんはかわいそうな人なんだと同情してくださってるのかも。

でも、そもそも人間に起きることって一人ひとり別なのよ。私の場合相手はウチの従業員で、見知らぬ男ではなかった。だから私の気持に余裕があったし、また五歳でも女は女。その体験は私にとって結構ワクワクするようなものだったのです。暗やみで襲われたり、見知らぬ異国の兵士のデカい手で押さえ込まれた沖縄の女の子の体験とは、同じSexual Abuseでもまったく違う。

しかし、それでもよ、ワクワクのChild Sexual Abuse体験なら、それほど問題なかったかというと決してそうではなかった。女に対する世の中の価値観、「やっぱり女はバージンじゃなきゃ」というふうな価値観に支配されてる世の中があるわけでしょ。なんと私はその体験のあとで、自分は列の外に押し出されてしまったダメな女なんだと、悩み続けていくのです。

他の女の子はまだ正札さえつけてないのに、自分だけディスカウント台に並んでいるという気分。体験自体が辛かったわけではないのに、「ディスカウント台に並んでいる汚れた私」という物語を自分に採用してしまって……。そのために、ああいうことがあったから私の人生は暗いのだ、不幸なのだっていう気持ちから、長い間逃れられないで生きてきました。

なぜ怒れないのか

さっき私は、自分は常にミクロから出発する人間だと言いました。「なぜ私の頭にだけ、石が落ちてきたのだろう」。二四歳ぐらいまで、なぜ私の頭に、なぜ？　と、ただただミクロの自分を抱えてさまよい続けました。

ところがベトナム戦争で足を失い親をなくした子も、同じように「なぜボクの頭にだけ……」と泣いているんだと気がついて、私はミクロの「かわいそうな私」を、マクロの世界へとつなげていくことができました。閉じていた心の窓が一挙に開いて、以後ベトナム戦災孤児の救援や反戦運動に参加。そしてリブ運動へと躍進？していくんですけど……。

「私は女」という確かなミクロから世界が見えるようになったら、反戦運動でマイクを握って男たちが、「我れ我れはぁ……」と叫ぶ時、その〝我れ我れ〟の中にどうやら女は入っていないということに気がついた。

で、他の女たちとフンガイしてウーマンリブを始める。それはミクロの私が、確かなマクロへと飛翔していく道でした。

〝男でも女でもない、「私」という人間〟と〝女の「私」〟の、その両方の「私」を生きたい。リブはそんな二人の「私」のどちらも字余りにさせない運動でした。

さて、ウーマンリブとフェミニズム、違いがあるとしたらどこかしら。国際婦人年以降の女性運動がフェミニズムで、それ以前がウーマンリブだとして、その違いはどこにあるか。

まちがってるかもしれないが、私はこう思います。たとえばセクハラ。お尻を触られて、「あ、セクハラ」と叫ぶのはフェミニズムです。「セクハラ！」と叫ばれたら、男はキャンキャン逃げていく。国連のやメディアの支援もあって、フェミニズムは最初から正義でした。でもリブはそうではなかった。

ウーマンリブの女は男に逆らう生意気なハネっ返り。いくらバカにしてもいいんだとばかりに、メディアは私たちに襲いかかってきました。もう非難中傷の嵐でしたが、しかし「時代は私たちのものだ！」とわかっていたから、一歩も引くことなく私たちは頑張りました。

ウーマンリブは、お尻触られたらビシャッと殴る。いや、そうできればいいけど、大抵はできないから、なぜ殴れないのか、なんで私は自分の気持ちを第一にできないのか、そこにこだわることから、女たちはリブになっていったのです。

殴れなかった無念さから出発する女たち。まさにリブはミクロから出発する運動だったわけね。

言葉は段々と古くなっていきます。セクハラという言葉でいまは通るかもしれない。でも「セクハラ」と叫んだら、「わあ、レトロっ!」ってジョーダン扱いされる時が来るかも。

でも、私の不快や私の気持ち良さは古くならない。なぜ私は怒れないのか、なぜ自分の気持ちのよさを大事にできないのかにこだわることを通じて、私たちはこの世の中で女はどう生かされているかを身をもって知る。そしてそこからどんな私、どんな関係が、世界が欲しいのかを考えていったのです。ミクロから出発してマクロの世界とつながっていくことで、足腰のしっかりした差別ハンタイや、自由を手に入れたい。そう願いながら……。

座っている人も立ってる人もみな一心にスマホを覗き込んでいる不気味な(私にはそう

見えます）車内。現れてはスグに消えていく、移り代わりの激しい〝現代〟に呑み込まれていく人、人、人。私たちの身体感覚や自分へのこだわりは、これからどうなっていくのでしょう。

私の不快や私の気持のよさは古くならない……と、言い切れるのも今のうちでしょうか。マルはずっとマルではなく、バツはずっとバツではない。しかし最初からマルでありバツでもあるようなスマホは、これからさらにどんなマルやバツになっていくのでしょう。今までの体験の延長線上では語ることのできない世界が、この先待っているのかしら。考えるとなんだか怖いような……。

でもみなさん、若かろうと年寄りだろうと、女だろうと男だろうと、明日生きているかどうかはわからない。生きるとは、そもそも〝今生きてる〟ということが、全てなのです。この事実は、この先も変わらない。

そうであるなら、今日を悔いなく私らしく生きていくことが一番大事。

移り変わりの激しいマクロの世界に四分五裂されることなく、私というミクロの世界にしっかり立って、「これが私よ」といえる私を、日々を作っていく。作っていきましょうね。

聞いてくださってありがとう。

III

生きるってなんだ、死ぬってなんだ！

二〇一七年一一月一五日に行われた講演、私74歳

値引きされる私

「自分はこうしたい」と女自身が思うのではなくて、こういう女は好かれるとか、こういうお母さんは素敵とか、家族、学校、世間、メディアを通じて三六五日吹き込まれていく。私を決めていくのは、私を見る外部からのまなざし。そんな「私以外の私」を生きていたら、自分をかけがえのない存在として感じるなんてことはできることではない。「私以外の私」がモテたところで、それがなんだ！、と叫んでリブを始めた私。そんな力が持てたのは、たまたま生まれた家が「お前のままでいいんだよ」という具合に私を育ててくれたことが大きいのではないか。そんな応援団がいたからできたことだと思うのです。

リブ運動を四年ほどした後、メキシコにわたりました。

リブ運動を通じて「胡坐《あぐら》かいても、私は女」という具合に、女であることは選びなおせたけれども、日本人であるということはどうなのか？

タブンよその国に行ったら、「あぁ私って日本人なんだ」と思うことが多々あって、日本人であることを客観視できるのではないか。と、そう思う気持ちもありましたが、実のところ一途にリブ運動やり過ぎてもともと虚弱なからだが、ボロボロに。このままだと大病になるということで、国際婦人年の会議がメキシコで開かれることに乗じて、休養をかねて行ってみたのです。

メキシコからアメリカに回る予定で行ったのに、メキシコに行ったら、大地や人からわき上がってくるようなパワーを感じて、なんか面白そうな国だなぁ、と。

すぐに男ができましたが、恋人にはいいけど夫にするには大変なタイプだったので、未婚で子どもを生み、子どもが三歳になった時に、鍼灸師になりたくて日本に帰国しました。一人で子どもを育てるんだから、手に職、手に職と思って。

すべてを受け入れてくれた家族

成田空港に着いて、子どもが荷物のカートを押して出口に向かったら、カートを押すのがうれしくてニコニコしてた息子を見て迎えに来てくれてた母は、「一目で私がわかったんだよ、この子は」と。それは母が勝手に作った物語。オドロクのは、その二週間後にあった町内会のバス旅行、それに母は頭クルクルの孫をつれて、ホイホイ参加しちゃって。その時はなんか我が親ながらすごいなと思いましたよ。

突然現れた混血の孫。口さがない町内会の人たちから、「なにその子?」って聞かれたはず。それに対して母がどう答えたのか、亡くなる前に聞いておけばよかった。

ヨソの人がどう見るかということを気にしない家でね。リブ運動を頑張ってやってた頃、私服の警官が実家になんの用事もないのに来て、兄が応対したら、「お嬢さんがあれではご家族も大変でしょう」とのたまわったそうです。

出かけていた母は後でそれを聞いて怒った。「あの子は損なことをしているけれど、間違ったことをしているわけではない」と。

母も父も私の書いたものなんか全く読まない。二人とも尋常高等小学校出で仕出し料理屋をやっていて、母はそこの女将で、父は町内会の万年副会長。

二人とも選挙は必ず野党に入れるので聞いてみたら母はひとこと、「あんなんでもなきゃ困る」と。

ところが世の中は我が家と真反対

ほとんどの人は「女なんだから、こうしなさい、ああしなさい」という躾を受け大人になる。しかし私の親はそういうコントロールをまったくしなかった。

リブ運動への嫌がらせで警察が訪ねてきても動揺しない親を持つってありがたいことよ。未婚で産んだハーフの息子を家族みんなでかわいがってくれたしね。

でもね、そういう「お前のままでいいんだよ」という家で育てられて世の中に出ると、あなた、もう大変よ。世のたいていの人たちは、「こんなふうに見られなきゃダメだよ」と、声の出し方、振る舞い方、ものの見方考え方まで陰に陽に躾られて大きくなる。そういう中で一人、私のままでいいんだと思って生きていく……っていうのは孤独ですよ、もう。他の人とどうつながっていったらいいのか、わからない。友達らしい人はできても、それ以上ではなかった。いつも一人ぽっちって感じ。混沌と焦燥の海で溺れそう。でも、「私ってかわいそう」と思いたくなくて、「この星は、私の星じゃないんだ」と呟やくことで気持ちを支えて、生きてきました。

ブラジャーは女の敵？

二七歳の時にリブ運動に決起したわけですが、あの時代、パソコンなんかないから、「便所からの解放」と題したビラを謄写版で刷って、新左翼やべ平連の集会で撒いたのね。そうしたら女の人たちが、争うようにビラを取りに来て……。

その頃アメリカではすでにウィメンズ・レボリューションが起きていて、私は英語ができないから、朝日新聞が報じるくらいのことしか知らなかった。が、ある時女性解放を指導するという人がアメリカから来たのね、頼んでもいないのに（笑）

十人くらい集まってお話を聞いたんだけど、その人が「ブラジャーみたいな女を締め付けるものは捨てて、もっと自由に生きよう」と。当時アメリカではブラジャーを焼き捨てるという象徴的な行為を通じて女性の自由を訴える運動が大盛り上がり。

そういうの、日本でもやったらいいと言いに来てくれたんだと思うけど、でも私の目はおへそあたりで揺れている彼女のデカパイにくぎ付け。彼女が右の拳を挙げると右へ、左だと左へ、おっぱいが揺れ動く。このおっぱい、走ったらさぞかし飛び跳ねて大変だろうなぁ。

私ね、おっぱいが大きくて邪魔になる人はブラジャーしてもいいんじゃないの……と思いながら話を聞いてました（笑）。

笑い話のようですが、しかしこのようにブラジャーは×、ノーブラは○という○対×の考えには組しない……というのは、リブの最初から現在に至るまでの私の一貫した立場です。

例えば一九七二年に書いた『いのちの女たちへ』の中で、化粧について、私はこんなふうに言っている。「お化粧したくらいで消える生き難さなど、どこにもないは百も承知で、しかしそんなお化粧でも、しないよりした方に、心の晴れを感じるのなら、したらいいと思うのだ。「わかってもらおうと思うは乞食の心」のむしろ旗さえ、確かに掲げ続けていくならば、その心意気のなかにリブの生命があるのであって、素顔か化粧か、などということはどうでもいいことではないか」

「素顔の女は知的で清楚」と思い込んでる男たちがいる以上、素顔を武器に男をパクることもできるのだ。そういう意味では化粧が媚びなら、素顔も媚びさ、媚びになりうる……と考えたのです。

優生保護法改悪阻止を闘う

さて私たちが取り組んだ最も大きな闘いは、優生保護法の改悪を阻止する運動です。発端は生命の尊重を掲げる宗教団体「生長の家」が、中絶をもっとしにくくして胎児の命を救おうと主張。自分たちの息のかかった国会議員を動かし始めたことだった。

アメリカやヨーロッパでは、主に宗教的な理由から、中絶が禁止されてきました。しかし日本では女の安い労働力を利用して経済成長を図ろうという企みのもとに、戦後間もなく、昭和二三年から経済的な理由での中絶ができるようになっていたのです。

当時は避妊の方法がコンドームくらいしかなくて、しかもコンドームは高い。で、できてしまった子どもをコッソリ中絶しつつ女はパートで働くのが普通でした。

「生長の家」が望んでるように、もし経済的な理由で中絶ができなくなったら、危険な闇中絶に走る者が出てくるだろう。今だって中絶でからだを壊す女は多いのに、一層大変な状況になるわけで、私たちは「経済的事由」をなくすことに断固反対。その一方で、女たちは子宮を痛め、胎児を殺しながら企業や国を支えてきたという事実をしっかり認識して、中絶以外の方法でちゃんと避妊ができるようにしていこう、と主張したのです。

企業も政府も「生長の家」も男の集団。つまり考えるのも決めるのも男たちというわけで、冗談じゃない！　女の子宮のことまで男に決められてたまるか！　という怒りで、私らは厚生省に座り込んだりしながら全国的に運動を広げていきました。

中絶を避けるためには避妊が大事。しかし現に妊娠して、この今、己の破滅か、子どもを殺すか、という具合に追い詰められてしまった女が、「自分が大事」というところに立つことを、誰が責められるでしょうか。

注目すべきは、「中絶の自由」と共に「生める社会を‼生みたい社会を！」と、私たちが訴えたことです。だって生み育てる自由がないのに中絶の自由だけあっても、そんなの自由でもなんでもないですから。「ブラジャーありもノーブラも、私が望むままに」という考えと基本は同じ。生むも生まぬも私が決める、私が！決めることができる私と、決めることができる世の中を、私たちは欲したのです。

中絶の自由を求める運動は先進国のあちこちで大いに盛んになりましたが、「中絶の自由」と共に、「生める社会を、産みたい社会を」を求めるという、いわば複眼の視点で頑張ったのは、日本の女たちだけではなかったか、と。昭和二三年から「経済的事由」での中絶が容認されてきた日本と違い、欧米は宗教的観点から禁止されてきたので、まずは「中絶の自由」を高く掲げる必然性があったのね。

さて「青い芝の会」をご存知ですか。この会は、からだに障害を持った人たちの集りで、彼らも政府や宗教団体が上から目線で「産む、産まない」を決めていくことに猛反対、当然私たちは一緒に運動したわけですが……。彼らは中絶をやりにくくしようとする策謀に反対する一方、私たち女へも鋭く迫ってきました。曰く、「女は障害児だとわかると、すぐに堕すじゃないか、あなたたちは殺す側で、自分たちは殺される側の人間なんだ、このことをどう思うか」と。

そもそも優生保護法という法律は、国を富ませるためには障害児をなるべく産ませないようにしようとしてできた法律で、いわば国は、女を通じて嬰児の選別をさせてきたわけです。

殺される者としての彼らの苦悩はわからぬでもない。しかし、今は私ら一団となって策謀と戦わなくちゃいけない時なんだから、内部で糾弾したりされたりしてる場合じゃない。それでズルいは承知で、私は彼らに対してのらりくらりと、答えるでもなく答えないわけでもないという戦術的な対応に終始してました。

表面はそんなふう、でもその裏で私が呟いていたこと、それは……。

あなた方は「かけがえのない存在」だが、でも、そもそも人はみな「かけがえがなく、そしてたまたまの存在」なのよ。障碍者に生まれたのも、なったのも、私が子宮を持つ女に生まれたこともたまたまだ。

だから「かけがえのない自分」と、「たまたま障碍者である自分」の真ん中に立って主張してくれると、対立するだけでなく、つながり合える道があるんじゃないの……。

私は今でもそう思ってます。「かけがえのない私」をそれぞれ主張するだけでは、お互いなかなかつながり合えない。「かけがえのない私」はまた、「たまたまの私」でもあるという真実を間に挟んで、話し合えたらいいなぁ。

「たまたま」は天の計らい。そうとしか言いようがない。

どういう家に生まれ、どういう親を持ち、どういう顔立ち、からだを持っているかなど、私を決定づける事柄はほとんど全て「たまたま」だということは、私はあなたであったかもしれないし、あなたは私だったかもしれないということです。その事実抜きには、私たちは真につながり合うことができないのではないか。

幸せってなんだろう

人は幸せになるために生きている……と私は思います。でも幸せってなんだろう。昔は、「結婚こそ女の幸せ」なんて言われたけれど、妻になるより研究者やアーティストになりたい人は、結婚なんてしないほうがいいかも。「お金があったら、子供がいたら幸せ」とも言われてきましたが、これも「それで幸せになる人もいるし、不幸せになる人もいる」としか言えない事柄です。

しかし、健康であることは誰にとっても幸せなことです。なぜなら健康とはからだがいい状態であるということで、やりたいことができるということだもの。そう、幸せとは状態なのです。状態にすぎない。ぽかぽかあたたかな日差しの中で思わず居眠りして「あぁ気持ちいい」、田中さんは冬は食べちゃいけないと言ったけれど、いけない、いけないと思いながら食べる冬のアイスクリームのなんておいしいこと（笑）。猫が膝に乗ってくれるとうれしいし、歳とると軽く足が前に出るだけでも嬉しい。こんなふうに幸せは状態であり、状態だから、気づきさえすればあちらにもこちらにもある。そしてそれは主要にからだぐるみの喜びであり、気持ちの良さです。

それだから、幸せになるために一番大事なのは体調です。ぽかぽかを気持ちいいと感じる体調あっての幸せなのです。

ミューズカル「おんなの解放」

さて、やった運動の中で私が一番好きなのは、全編が喜劇仕立てのミューズカル「おんなの解放」です。ミュージカルではなく、ミューズカル。ミューズ（女神）たちのお出まし、お出まし。

デートのさ中、おトイレに行きたいのに言えなくてモジモジしていて「○子さん！」と抱きしめられたら、ぷっとオナが漏れちゃったというような卑近な一幕もあれば、「革命しよう、あなたが、あなたを、あなたが、あなたを」と高らかに歌うシーンもある。「こむうぬ」という共同保育のグループに保父として参加していた青年は、顔の半分は女、残りの半分は男のメーキャップと服装で、仕事で海外に行く夫の旅行鞄にコンドームを入れながら、「体だけの関係にしてね、妻は私だけよ」と夫に告げる妻を巧みに演じてました。

中でも歌ね、当時の私たちの思いがそのまま歌になって……。

①たまたま日本にうまれただけなんだよ
たまたまプチブルに生まれただけなんだよ。
たまたま女に生まれただけだよ。
ラララ、ワン・ツー・スリ・ホウ
パワフルウィメンズブルース
ラララ私のサイコロ、私が振るよ
どんな目が出ても泣いたりしないさ

②父ちゃんみたいな男じゃいやなんだよ
母ちゃんみたいに生きたくないんだよ
レディメードの人生、私で終わりさ

③一人で無理なら二人で歩くんだよ
二人でダメなら三人で駆けていく
どうせあの世に行くときゃ誰でも一人さ

（パワフルウィメンズブルース・作詞・田中美津）

人は戦うためでも子育てや仕事をするためでもなく、幸せになるために生きている。そして老若を問わず、明日はわからない、今日がすべて、今がすべて。

たまたま日本に生まれただけ、女であることだってたまたまなんだよ。と歌うリブの視点の軽やかさは、もっと見直されていいのではないかと思います。

沖縄にしてきたことが恥ずかしい

人は戦うためでも子育てや仕事をするためでもなく、幸せになるために生きている。「うれしいな」「気持ちいいな」「おいしいな」とかの幸せは、人を元気にしてくれる。で、元気になってなにするの？　ハリで治療しながら、時々患者に聞きたくなる。からだ良くなってなにするの？私？もし私に誰かが尋ねたら、「辺野古に行きま〜す」って答えるわ。

三年ほど前から沖縄の辺野古や高江に年に四、五回、ツアーを組んで行ってます。これ、からだが動く限り続けようとと思っているのね。戦前・戦中・戦後にわたって、常に沖縄を踏みつけ利用し続けてる恥ずかしい本土。沖縄にしてきたことを考えると、私は日本人であることが恥ずかしい。

沖縄は本土の私たちとは民族が違うんです。それなのに日本全土の〇・六％にすぎない沖縄の地に、日本にある米軍基地の七〇％を押し付けているという理不尽。

私は戦争放棄の憲法九条が好きですが、戦後私たちが戦争に巻き込まれることなく来れたのは、九条のおかげじゃない。日米安保のもと、いわば沖縄の犠牲と引きかえににらみを利かせてくれてる米軍あっての平和です。「戦争放棄」を掲げるだけで平和がゲットできるなら、他の国もみんなそうしてますよ。

日本の平和が日米安保のおかげなら、本土にもっと米軍基地がなければフェアとは言えない。私如きが言うのもおかしいですが、憲法九条の裏で沖縄が苦しみ続けてる事実を、絶対に忘れてはならないし、日米安保に代わる関係をアメリカと作りたいです「申し訳ない」と心の中で思ってるだけでは伝わらない。それで辺野古に行く。他人の足を踏んずけているのに、踏んづけている方は痛みがわからない。わからないから、痛みに対する想像力がどんどん鈍磨していく。そんな鈍い生き物になりたくなくて、沖縄へ行く。

さぁ、私の話はここでおしまい。聞いて下さってありがとう。

Ⅳ

その昔、永田洋子に誘われて彼らの山岳ベースなるものを
好奇心 100% で見に行った。
そこにお腹が大きくなりかけてる妊婦がいた。
穏やかで感じいい人だなと思った。
永田は得意そうに「みんなの子どもとしてここで育てる」と。
何か言ったら関心があると思われそうで、私はひたすら黙っていた。
その 5 か月後に、彼女はお腹の子どもぐるみ榛名山の土中から発掘される。
それを知った時、私の胸に閉じることのない穴が開いた。
1980 年に入学した鍼灸学校で唯一友達になれたゲイの青木君。
その彼が自殺した時にも穴が……。
どうしようもない穴を抱えた無力な自分。
やがて長い長い時を経て、無力である自分を私は許した。
写真は、無力を受け入れたぶんだけ息が深くなった感じの 40 歳頃の私。

こぼれ落ちてしまうことばを抱えて……

　女の話しことばはいい切れるということのないことばだ。ことばとことばの間からこぼれ落ちてしまうものこそを表現しようとすることばに他ならない。

「さして大きなできごともなく、あの人はいつだってやさしいよ。何処で暮しても同じだろうとわたしは思っているのさ、なのにどうしてか知らない。こんなに切なくなって、町で一番高い丘へ馳けていくこころは、ほんとに泣きたいぐらいだよ。真赤な夕日に船がでていく。わたしのこころに何がある」（浅川マキ作詞）。

　この歌の女は、いつか必ず、いまにもグチャリとしそうな熟しきったトマトみたいな夕日を浴びつつ、自らを一艘の船と化して、風をはらんで行ってしまうのではないか。丘の上からいつも船を見送りつつ、自分のことばにならないことばを（行間からこぼれ落ちてしまう何かを）見つめている女。いつか、船と化すだろう我が身を〈予感〉しつつ、丘に立ちつくす女。

ヒトは自分の痛み、惨めさでしか闘えない。というと、「抑圧民族としてある自らを問うことなく、女としての痛みなどナンセンス」とか「キミたちは、被爆者、在日朝鮮人の痛みを考えたことがあるのか」という叱責が聞えてくるようだ。しかしあたしたちは、ヒトの痛みは三年でもガマンできる、という冷厳な事実からしか出発できない。

被差別部落民の、在日朝鮮人の、百姓の闇をあたしたちは共有できない。しかし、己れの闇に固執する中で、その共有できない闇の共有できない重さの、「共有できない」ということをどこまでも負っていくこと。——あたしがあたしである、ということはそういうことだ。そんなあたしが、丘に立つ。

あたしのおヘソが言うことにゃ……

『あごら』八一号　一九八三年一二月、私39歳

差別をなくしたい。

世の中をよくしたい。

と思うけれど〝みんなが幸せになれるいい世の中〟なんて聞くとなんだかお尻の下がムズムズしてくる。〝世界はひとつ、人類はみな兄弟〟とおんなじで、悪いジョーダンじゃないの、それ。そりゃいい世の中に越したことはないけれど、いい世の中になれば、みんな幸せになれるのか。

では聞くが、核が廃絶したら、あたしたちは幸せになれるのか？　差別がなくなりゃ、幸せになれるのか？　田中角栄がペシャンコになりゃ幸せになれるのか？

ヒトの幸せ・不幸せというのは、窮極的にもっと別の次元の事柄に思えてならない。大体「……したら幸せになれる」という発想が気に入らない。そんなの、結婚したら、子を

産んだら幸せになれる、という思い込みの延長線上じゃないか。田辺聖子さんじゃないけど、たらはダメ、たらは北海道！　とあたしも言いたい。

＊

社会的差別や諸悪をなくすって、とても難しいことだけど、見方を変えりゃそんなに難しいことではないと思う。差別をもたらす制度や法や機構はしかし、あたしたち人間が作ったものだもの、みんなでその気になりゃ必ずなんとかできるハズだ。で、なんとかした果てに、人類はみな平等になるか、といえば、どうもそうではなさそうだ。そこのところが非常に難しくっておもしろくって、あれこれ夢想してみるのだけれど。

たとえば制度的、法的男女平等が確立しえたあかつきには、男女本来の肉体的・精神的不平等性が、新たに人類の可能性として追求されていくのではあるまいか、いや、そうあってほしいと願う、これはあたしの願望だけど。

男と女だけではない。人間とは本来不平等を前提とした存在なのではあるまいか。そもそも骨格にしろ、おヘソにしろ、一人ひとり違う。サッチャー首相をサッチャー首相たらしめている根本は、その骨格であり、内臓であり、おヘソなのだ。

甘えないで、ヒトの何倍も努力すれば、あたしのようになれます、と世の〝優秀なご婦人方〟は心のどこかで考えておられるふうでありますが、なれるわけないよ。ヒトの何倍も努力できるような丈夫な骨格も、内臓も、おへソも、こっちは持っていないんだから。ヤル気も体力のうちですねん。

そう、〝優秀なご婦人方〟の今日の栄光は、もとはといえば、〝たまたま〟に過ぎない。たまたま裕福な家や理解ある親のもとに生まれ、たまたま持って生まれた骨格や体力こそが自分を作った、という認識はある種のシャイな感覚の出どころだ。でも世の中にはシャイでない〝立派な紳士・著名な淑女〟があまたいて、なんだか頭上がウッとうしい。ウッとうしいけど、こっちは彼らのおへソの形まで見えちゃってるからね。少々シラけた顔付きで、自分は自分のおへソを生きてくだけの話です。だって別にサッチャー首相のようになれたら幸せ、弁護士になれたら、医者になれたら幸せ、ってもんじゃないからね。

＊

神さまは公平だ。どんな貧弱な骨格にも幸せをくださった。だって、「幸せ」って状態だもの。状態にすぎない。

それなのに世の常なる人々は、美人だったら、東大に入ったら、健康だったら幸せ、の、〝たら幻想〟に呑み込まれてアップアップしてる。美人もブスも、利口もバカも、健康も病弱も生まれつきが大きいのよ。そんなたまたまの生まれつきで、ヒトの幸・不幸が決まってたまるか！　というわけで、一般大衆は最後に一るの望みを求めて、〝金があったら〟のたら地獄にすがりつく。

バカだねえ。と思うけど確かに金さえあれば整形もできる、医者にもなれる。一億狂乱金がすべての世の中は、角栄一人がつくってるわけではないのです。

大事なことはしつこく言おう。「幸せ」って状態だと思います。一杯の温か〜いウドンをすすってるときは、その旨さ、そのぬくもりが、世界のすべて。

＊

核がイッパツ落ちればみんな犬死。金持ちもビンボー人も、美人もブスも、秀才も鈍才も、あたしらみーんなダンゴで生きてる、生かされてる。明日はわからぬ、〝いま〟がすべてだ、というような状況は虚無そのもの、世も末だ、と思うヒトもいるだろうけど、そうかなぁ。

「いのち」ってそもそも〝いまがすべて〟ってもんじゃないの。エーッ、あの人が！　とみんなが絶句する元気モリモリの人がポックリ亡くなったり、幸せイッパイの人が哀れ交通事故であの世行き。誰も明日はわからない。いまがすべて、よ。これが「いのち」の実相だ。

いまがすべて、いま生きてるってことがすべてです。このオイシサ、この美しさ、この悲しさ、この怒り――その時々の喜怒哀楽を、つまりは生のオルガスムスを、味わい尽くして生きていく。それ以上の幸せはない、と知ることです。そこから心を動かさない。迷いは〝たら地獄〟への一里塚――。

＊

子どもの問題は、親の問題。結局親の愛が、善意が、子を苦しめダメにしている、というそこんとこが一番の悲劇だとあたしは思う。なんでそんなことになるかというと、たら幻想、たら地獄のせいですよ。落ちこぼれたら不幸になる、登校拒否したら不幸になる、と思うから不幸がニコニコ顔ですり寄ってくる。

子どもがかわいいから落ちこぼれにはしたくない、と親たちは言う。そんなにかわいい我が子がきのう死んだって不思議はないのに、今日も生きててくれるありがたさ。そのことに手を合わせてもいいのに、そういうことはしない。

ほんとうにかわいいのは我が子ではなく、自分。あなたのためよ、ためよと言いながら、子の肉を喰い、血をすする。ああ、親って、女ってやだなあ。

でもね、なんで母なる女がそんなふうに我が子を喰らう夜叉になるかといえば、三界に家ナシの歴史が悪いのだ。幼きころは親を通じて、結婚したら夫、加えて母になったら子を通じての自己実現しか女には許されてこなかった。そのくせ「精神的な価値の具現者は、いつの時代にも、母親ひとりだったのである」（佐々木孝次信州大教授）

その時代その時代で女は、母親は、よかれと信ずる方向に子どもを、家族をひっぱってきたのです。

いま右傾化ではなく無傾化、ハチャメチャの時代。頼るべきは金だけ。金があったら幸せの幻想に絶対多数が走るとき、母もまた〝成績がよかったら〟の向こうに、してやったりと微笑む勝者の己れを夢想して、ニヤリの顛末避けられぬ。

*

社会が悪い、はわかってる。

だけどこの社会がどんなに悪かろうと、このあたしが惨めであってたまるか！　と、いつも思ってきた。その思いは、万事がルーズでいいかげんなあたしを、シャッキリさせる、いわば心の背骨——。

息子にもね、あんな世であろうとこんな世であろうと、ゼッタイ幸せに生きてもらいたい。といっても、美人だったら、丈夫だったら、人に好かれたらｅｔｃの〝たら地獄〟に堕ちてもがき苦しんだ我が年月の重さ、暗さを想うと、思わず心の中で祈ってしまう。息子はなかなか繊細な神経の持主で、混血で、母子家庭……じゃ彼の生き難さ目に見えている。

親っていうのは、せつないよね。かわいい我が子の生き難さ目に見えても、全力で、ただ見守っていくしかないのだから。

といってもあたしなりの思案はある。この子、ただでさえ大変なんだから、せめて自分がシッカリ受け止めていくべき問題と、どうでもいい問題の区別・判断のつく子に育てていきたい。〝悩むべき悩みを悩む力〟のある子にしたい。というわけで――。

息子は今年小学一年になって、バスに乗るときはムロンこども料金を払わなくてはいけないのだけれど、今日までのところたいてい払わないで乗っている。

先日のこと。ガラは大きいほうだから、さすが運転手気づいて、「その子は小学生ですか?」と聞いてきた。で、あたしは「なんか言ってるわョ」と彼の脇を突っついた。「ボク、保育園です」ポーカーフェイスで息子が答えて、一件落着。打ち合わせしてたわけじゃないのに、このアドリブ。やりましたネェと、この母親はゼンゼン反省の色がない。子どもって正義の味方が好きだから、こういうことをやってると、いつか息子の心に亀裂が走るかもしれない。でもねラモン、とあたしはつぶやく。

バスをただ乗りするくらいで悪人ならば、お前の産まれた国メキシコは、もう国じゅう悪人だらけだよ。あの悪人たちの、なんと人間らしい顔、顔、顔。たとえGNPが一位だろうと、あの顔ひとつにかなわない。

わからないときは、ひっくり返して考えてみるんだよ。〝じゃあバス代払えば善人か？青信号で渡れば善人か？〟

世の中の秩序は一応そういうことになっている。でもこの母を見よ、確かにズルい。じゃあやることなすこと全部ズルいかというとトンデモナイ。世のいわゆる「イイヒト」たちのできない、やりそうもない善いことを、時にこの手のタイプは大胆不敵にやってゆく。やってきた。

世の中には、どうでもいい悪と、どうでもいい善がある。やってもいい悪を時にやり、やらなくてもいい善をなるべくやらない、という庶民の心がけは何を生むか？

バランスのとれた、思い込みの少ない人格の形成と、生命力。その二つを生むと信ずる。なぜならば秩序第一の片寄った振りこを正す行為は、当然振子《ふりこ》の振幅を大きくする行為でもあるのだから。その真実をいつかお前も知るだろう。

何年か前に、家で着ていたピンクのパジャマを保育園に持ってって着るというから驚いて、「みんなに笑われるョ」と言ったら、「ママ、ダイジョウブだよ、みんな笑ってもスグ終わるよ」とサラリと言ってのけた。そのお前だもの……。

とまれ、息子よ、どうでもいい○対×や秩序に右往左往して一生を終えるチマチマ人間、〝あなたってイイ人ね、でもただソレだけ〟っていうようなヒトにはなるな！

生きよ！　生の核心を生きよ。落ちこぼれたら、落ちこぼれを生きよ！　必死に生きよ！

いまを生きよ！

小熊英二『1968』を嗤《わら》う

『週刊金曜日』二〇〇九年一二月二五日、私66歳

今年の六月、新曜社という出版社が、「写真を一枚使わせて欲しい」と言ってきた。小熊英二著『1968』という本に載せたいとかで、「ただ、その本はあなたのことを批判的に論じているのですが……」と。そうなの？　でもまぁ無視されるよりはいいんじゃないのと、直ちにOK。そうしたら六法全書みたいにぶ厚い本が送られてきた。なんだぁこれは!?

読んでみてさらにビックリ、もうなんだぁこれは、これはの連続よ。今までいろいろ言われてきたが、こうまでひどいのは私史上初めて。「ねぇねぇ聞いてよ」と電話するだけではもったいない。「私は第17章『リブと私』に出てくる田中美津本人です」と名乗って、アマゾンのブックレビューにでも書いてみるか。

ってわけで次のような読後感をレビューに投稿。長いので要約すると——。

「田中は自己の『物語』の変更や矛盾に否定的な意識を持たなかった」と小熊氏は記す。その証拠に「2004年の講演では『私、ずっと同じことやってるの、苦手なんです』と述べている」と。

が、実はこれ、「ずっと同じ姿勢で話すのは苦手なんです」と言ってる箇所からの引用。こういうトホホな誤読・誤用そして捏造が、「田中」を論じている六四ページ中、四五箇所もある。

「田中は白いミニスカートでビラを撒いていた」という証言について、「事実かどうか不明だが……」と（注）に書いておきながら、「白いミニスカート姿で」「年齢不相応な白いミニスカートで」と、その後四回にわたって繰り返すあざとさにも驚く。

だいたい何の取材もせずに「田中はそう思った、こう思った」と書いちゃうところが、昔読んだ週刊新潮の「男と女の事件簿」にそっくり。もう失笑しながら読ませてもらった。

文献資料に忍び込む間違い

以上レビューにはホンのさわりだけを書いた。でも読んだ人たちの大多数が「参考になった」をクリックしてくれ、また「彼の本より田中さんのレビューのほうが話題になってますよ」と複数の人から言われた。

あのぶ厚さで上・下二冊。一冊が税込七一四〇円じゃ、あんまり読まれていないみたいね。不幸中の幸いぢや。では私もこれにて一件落着に。誤読・誤用・捏造の三所攻《みどころぜ》めが相手じゃ疲れるもの。

と思っていたら、『朝日新聞』夕刊に「濃密な事実の掘り起こし方が粘着質で熱い」というリブロ池袋店マネージャーの感想が。濃密な事実の掘り起こし？　冗談じゃない、再読したら誤読・誤用・捏造は四五どころか五三もあった。あぁ知らぬが仏の純朴な人たちを欺く『1968』。こんな無法、放っといてもいいのか、オイ、ミツちゃん。

＊

小熊氏の本は、〈なるべく主観を交えず、資料に語らせる〉というのがウリで、自説を膨大な資料で裏付けようとするところに特徴がある。それというのも「人間は現在の自分のあり方を肯定するよう自分の歴史をつくってしまう」。それだから「自分たちに都合よく創りあげた記憶を打破し通念を打ち壊す機能をもつ」文献資料が重要なのだと彼は言う。

一般論としては私もそう思う。記憶は嘘をつくからね。人は自分に整合性を求める生きもの。だから「あの苦労のお蔭で、今の私があるのです」という具合に、幸せな現在は幸せな過去を捏造し、不幸な現在も又しかり。

それゆえ人々の過去の言動や社会の状況を正確に知りたいと思ったら、文献資料として残されてるものに必ず目を通して、何が事実か真実か見定める努力が不可欠だ。ってことはほぼ万人が認める歴史認識の仕方だろう。問題はその先にある。

記憶は時にアテにならない。しかし書かれた物なら信用できると言い切れるのか。書くのも人間、それを用いるのも人間である以上、こちらも時に不確か、間違い、捏造が生じて当然。

たとえば『1968』には、「ぐるーぷ・闘うおんな」はメンバー三人をもって結成されたと書いてある。これは『資料　日本ウーマンリブ史』(I〜III、松香堂書店)の、「田中美津さん、麻川まりさん、カリドの三人で当初『女性解放連絡会議準備会』としてスタート。一九七〇年一〇月二一日の国際反戦デーに『ぐるーぷ・闘うおんな』を名乗る」という「解説」を参考にしての記述だろう。

しかしそれは私の記憶とは違う。で「解説」を執筆した佐伯洋子さんに尋ねてみた。

「三人で立ち上げたという情報はどこから得たの？」。

彼女いわく、当時東京・本郷にあった六畳一間の事務所に行ったら、たまたまその三人がいて、それでそんなふうに書いてしまった、と。「なぜこんなに確定的に三人が創設メンバーだと書いたのか、記憶にないのです。本当にごめんなさい」。むむっ。

『資料　日本ウーマンリブ史』はリブグループが出した六九年以降のビラを集めて一冊にまとめた、いわば第一次資料です。資料的価値が一級だと、「解説」のほうも信じていいと普通は思う。

ところがどうだ、どんなに確かな文献資料にも間違いは忍び込むのです。それゆえ学者の皆さんは歴史的出来事の渦中にいた人たちを（生きてるうちに）取材して、文献資料とつき合わせて正確を期す。そういう手間暇を必ずかける。そうしないでもし文献資料だけで書くのなら、当然幾重にも幾重にも確かめられた事実を基にして、自説を展開していくのだろう。そう私ら学問の素人は思います。

思うわよ、サントリー学芸賞や毎日出版文化賞を取った偉い先生が書いた本だもの。正確を期そうとして膨大な文献資料に目を通した、それだからこんなぶ厚い本になったんだと、視覚的にも思ってしまう。ところがドッコイ……。

＊

「田中美津」がテーマの一七章。その最初にまず断り書きが。「本章ではリブと田中美津をとりあげるが、（略）第一に、ここでは日本のリブを総合的に描くことを目的としない。第二に、田中の総合的理解や批判も目的としていない」。そして最後のほうで再び、「田中を論じるのは、田中を批判するためでも、当時のリブの総合的検証のためでもない」と断っている。

章の始まりと終わりにこんなにクドクドと、言い訳めいたことを書かなきゃならない論文も珍しい。なにか後ろめたいことでもあるんだろうか。あるんですよ、これが。それを論ずる前にまず、「田中美津」についての記述を拾い出してみよう。小熊氏から、私はどのような人物と思われているのか。

「リブ活動をはじめた時、田中はすでに二七歳」の「オールドミス」で、「白いミニや黒いハイヒールで一人でビラをまき始めた」。「拒食症」で、「高校時代に二回家出」。「高卒後に仕事をクビに」なり、「ブスでもてない」、女性週刊誌しか読まない、「惨めさだけが生きてる証、みたいな毎日」を送る家事手伝いの「フリーター」でもあった。「幼児期に性暴力を受け」、それゆえ自分を「汚辱の女」と思う一方で、「（それが）遊びみたいで楽しかった」ともいう。「ダンスやセックスを好み『不埒《ふらち》がいのち』を自称する」、しかしホントは「超マジメ」で、「直感」重視のウーマン・リブ……が「私」ってわけ？ンマァ、笑える。

笑えないのは彼の嘘です。「仕事をクビ」と「拒食症」は小熊氏の捏造、つまり嘘。「二回の家出」と「ダンスやセックスを好み」と「超マジメ」は誤読です。

この人、〈限りなく捏造に近い誤読〉が好きなのよ。彼の本の中で私は四人の男と同棲させられている。「安田講堂にこもって闘った男」と、「性の問題を考えさせられた男」と、「新左翼くずれの男」と、「自称革命家の男」の四人。早稲田の革マルくずれとは、かつて短期間同棲、「新左翼くずれ」というのがそれかしら。同棲はその一度だけ。

じゃあとの三人は誰だろう？　一人は推測がつく。七二年発行の『いのちの女たちへとり乱しウーマン・リブ論』（田畑書店、新装版はパンドラ刊）で、「安田講堂にこもった」赤軍派の男を自宅に泊めたことがあると書いたから、泊めた→性関係を持った→同棲したという具合に勝手に妄想したのだろう。

二七歳の「オールドミス」のフリーターが、あぐらをかいてタバコをふかす。小熊氏が描く「私」って、七〇年代にマスメディアが作り上げた、男に反旗を翻す女の悪《ワル》イメージそのものだ。

風の便りでは著者は東大教授の上野千鶴子さんに原稿の段階で一七章をお見せしたとか。ウへっ⁉ フェミニズムは上等だからリスペクト。でもウーマン・リブは下賎だ、卑しめてもいいと、まさか思っているんじゃないでしょうね。

「……女性作家の作品を紹介し、人気の背景を分析した新刊『L文学完全読本』（斎藤美奈子編著、二〇〇二年一二月、マガジンハウス）Lはレディ、ラブ、リブなどの意というが、最初の2Lはともかく、編著者がL文学活況の遠景に、70年代のウーマンリブを見たところで腑《ふ》に落ちたのだ。なんといわれようとウーマンリブは、現代の女性に一定の経済的、性的自立をもたらす大きな節目となった」（〇三年二月四日付『朝日新聞』河合真帆）。

これを読んだ西村光子さんは「得たり」と思う。

「私の目をひいたのは『ウーマンリブ』という言葉である。（略）その後の大きな流れで言えば、『フェミニズム』が『ウーマンリブ』を引き継いだと言えようが担い手、対象とした分野、方法論などに断絶が見られ、リブに触れたものにとって、『フェミニズム』にこその躍動感を感じることはできない。『フェミニズム』は学問、リブは運動というのが女性学の間で常識になっている」（西村光子著『女《リブ》たちの共同体《コレクティブ》　70年代のウーマンリブを再読する』社

会評論社）

誤読、誤用、捏造に驚いて

私は二七歳まで、お茶など習いながら実家の仕出し料理店で家事手伝いをしていた。朝一〇時頃、「我が家のたった一本の『壁の花』が到着ぅー」などといいながら板場（料理屋の台所）に入っていくと、魚をおろしていた父はすぐさま、「『壁の雑巾』が今頃来やがって」と応じた。そんな落語に出てくるような江戸っ子気質の家で育つと、「私って女性週刊誌しか読まなかったから」とか「ブスでもてなくて」とかいいがちで、「何事も長続きしない女で」と書いたのも、半分はそんな気質のなせるワザ。

だがそんなシャイネス、小熊氏には通じない。「田中は、『なにごとも長続きできない女』を自称し、（略）彼女のリブ運動も、七〇年から四年あまりしかつづかなかった。田中は七五年にメキシコに発ち、その後は鍼灸師の道を歩むことになる」。

全共闘運動は何年続いたっていうのよ。火のような運動が四年も続けば上等じゃない。それに鍼灸師は二六年間続いているのに、そのことは書かずにこういうことを言うあざとさ。こういうのを卑怯と言うんじゃないの。

この手の卑怯はいわば彼のお家芸。「九四年の加納実喜代《ママ》との対談では、田中は『たいていの問題って真面目のために起きているといってもいいぐらいだもの』と述べている。摂食障害はともかく、現実世界の汚職や犯罪が『真面目のために起きている』のかは疑問だが、」と小熊氏は嘲笑的に記す。

しかし元になっている対談では「たいていの問題って真面目《まじめ》のために起きている」の後に、「登校拒否する子は決して不真面目な子じゃないし、恐ろしい事件を起こしてしまう若者もたいてい真面目よ」と話は続く。つまり、ここでいう「たいていの問題」とはどういうことか、私は特定して話しているのだ。

〈なるべく主観を交えず、資料に語らせる〉という表看板の裏でなされている不正の数々。それらは元の資料に当たれば、すぐにバレてしまうような手口でなされている。今年（二〇〇九年）発売の『戦後日本スタディーズ②』（紀伊國屋書店）掲載の上野千鶴子さんとの次のようなやりとりもそのひとつ。

上野　（リブセンターも）ミニ連赤になっちゃってる。

田中　なる可能性はあった。でも、運動いのちでやってても、こんな毎日追い立てられるような生活は厭だという思いはお互いにあって、そういう気持のほころびがある分、密室状態にはならなかった。辞めたければ辞めることもできたしね。

このやりとりが小熊氏の手にかかると、こうなる。「田中自身も（略）『みんな意見を言ってよ（略）』と『物狂おしい感じ』で言ったと述べており、また二〇〇九年には『ミニ連赤』に『なる可能性はあった』と語っている」。「ミニ連赤（連合赤軍）」になる可能性はあったが、ならなかったという、その理由を述べている部分を切り捨てて記述することで、言おうとしていることとまったく逆の意味にしてしまう。これ、他の者はみんな俺よりバカと思っていないと、とてもできないゴマカシです。

小熊氏はかつて岩波書店の編集者をしていて、これは巷間伝わるその頃のエピソード。初対面の、これから執筆を頼もうという人になんと唐突に「天皇制をどう思いますか」と聞いたそうな。驚いた相手が適当に答えると、それを論破（したつもりになって）、「これで仕事がうまくいくな」と一人悦に入ったという。いい頭に自信があり過ぎるというのも困ったもんだ。

元の資料から一言半句を切り抜いて自説の中に巧みにパッチワーク。そうすることで事実を自分の思い通りに操作してしまう小熊氏のこの手法は、『1968』下巻の他の章でも盛んに行なわれているようだ。アマゾンのレビューでは元新左翼と思われる方々が、「それゆえこの本は偽史である」と、怒りの声を上げている。

だがその一方で「あっけにとられるほど正攻法の記述」という賞賛も載っている。ああ、この小熊流パッチワーク術によるゴマカシは、書かれた本人ならスグにわかる。しかしそれ以外の人たちにはわかりにくいから困ります。

「事実に間違いがあるのなら訂正させればいいだけだ」という人もいる。

しかし彼の担当編集者いわく、「(田中さんが) アマゾンに書かれた『誤読・誤用』例の中の、『私、ずっと同じことやってるの、苦手なんです』を原文にあたってみました。たしかに文脈は『ずっと同じ姿勢で話すのは苦手なんです』という具体的な流れのなかで言われています。が、上記の文章自身は、一般的な言説として言われているようにも取れます。きわどい引用ですが、誤読とまでは言えないのでは」。

ウン? 具体的に特定して田中は言っていると編集者自身認めている。それなのに、「一般的な言説として言われているようにも取れる」って、どういうこと?

こんなわけわからない基準じゃ、「家出二回」を「一回」に直してもらうのが関の山。それで「訂正に応じました」にされてはたまらない。

テレビの世界でドキュメントを捏造したら、直ちに厳しく糾弾される。週刊誌だってこの頃はそうよ。それなのに、なんで学者の世界だけ、こんな誤読・誤用・捏造が許されるのか。書評の世界も情けない。彼のこのあざとい・あくどい手口を僅かなりとも問題にした書評は、この間皆無。ハテ面妖《めんよう》な……

地生えの人

さてレビューに書いた通り一七章には事実かどうかもわからない「白いミニスカート」という表現が四回も出てくる。同じく「フリーター」は六回、「オールドミス」は七回（この二つはなぜかコンビで登場）。「田中は勉強家とはいえず、『直感』で行動するタイプだ」と決めつけられての「直感」は、私が書いたものからの引用を含めて、なんと一四回も繰り返し登場する。

なんかサブリミナル効果でも狙っているような文章だなぁ。

先日公園に行ったら、キーィ、キーィと叫びながら、異様に興奮して蜂の死骸を何回も靴で踏みつけている幼児を見た。

田中美津は高校出の家事手伝いのフリーターで、白いミニスカートでビラを撒いていた二七歳のオールドミスで、やることが長続きしない、直感であれこれいっているだけのウーマン・リブだった……と執拗に記す小熊氏の「田中美津論」。

なりふりかまわないその様子は、怖いもんだから、これでもか、これでもかと必死に蜂を踏みつけていたあの幼児と、どこか似ている。

東大出て、岩波に入って、今をときめく慶応大の人気教授。そんな絵に描いたようなエスタブリッシュメントが、高校出のウーマン・リブなんて怖いハズがない。

フリーターだ、オールドミスだ、直感だけの女だと執拗に踏みつけるのはタブン、「こんな程度の女だ」となにがなんでも思わせたいという気持の表れ。

一見私を攻撃してるように見える。が、実はこれ、「攻撃」ではなく「防衛」じゃないかと思うのね。自我が最も頻繁に行なう活動のひとつが、「防衛」だ。それは無意識的な心の動き。

しかし意味なく人は「防衛」しない。恐らく彼の肥大化した自我は、「自分にはリブも田中美津もわからない」ということを認めることができないのだろう。それゆえ「田中美津」を過剰に貶める。「そもそもこの程度の女なのだ」と、幼児が虫を踏みつけるようにいい続けたい。そうしなければ自分の立ち位置がぐらついてしまう。そういう存在の危機に、彼は見舞われてしまったのではないかしら。

そう考えないと、とうていわからないことがある。一七章のイントロ部分には、日本のウーマン・リブ発生の背景が三五ページにわたって書かれている。ここには「私」は出てこない。そこに登場させられた人が読めば「エッ！」と驚く記述もあるだろう。しかしそのあとの「田中美津論」に比べれば、なんぼかマシよと言い切れる。まだしも文章に品格があるし、話の筋道もそれなりに通っているもの。

それが「田中美津とその経歴」から一転、すべてが奇妙にトチ狂っていく。私がいうのもヘンだけど、もうとり乱しているとしか思えない文章で、読んでるこちらまで頭がチンコンカンコンしてきます。秀才と思い思われている人のこの惨状。これはなにかあるゾと考えるのが普通。

もっともね、そもそも無理なことなのよ、「リブ」や「田中美津」を、小熊氏が論じるなんて。「全共闘の眼中には学外の市民は入っていなかった」と小田実さんは評したそうな。「べ平連を例外的に高く評価している」（浅羽通明『産経新聞』）といわれている『１９６８』。それだから小熊氏の視点も小田さん止まりだ。「べ平連（ベトナムに平和を！市民連合）のいう〈ふつうの市民〉の中に果たして女は入っていたのか」という問いは、べ平連を論じた章のどこを見ても出てこない。わかりやすい言葉で話す「民主的」な男ほど、両手に花の艶福家にもなれるのに。

小熊氏はリブも田中もわからない。前述のように西村光子さんは二〇〇六年発行の著書に「フェミニズムは学問、リブは運動」と記した。小熊氏はこの本からチャッカリ孫引きしているくせに、こういう大事な示唆は読み飛ばして、次のような珍説を展開する。「田中は（略）『大衆性』など追及したことはなかった。（略）『いま痛い人間は、そもそも人にわかりやすく話してあげる余裕など持ち合わせてはいないのだ』と反発して、理路整然とした『わかりやすいことばとは、支配するためのことば』であり『わかってもらおうと思うは乞食の心』だと啖呵を切っている」。

アララ、私のことを書くのなら、全編が喜劇のわかりやすいミューズカル「おんなの解放」や、「悪徳産婦人科医院一覧」を載せた『リブニュースこの道ひとすじ』に目を通してからにしてよね。それらは今でもすぐ手に入るのだから。

＊

『1968』を出した新曜社は鶴見俊輔さん、小熊氏、上野千鶴子さんによる鼎談《ていだん》『戦争が遺したもの』という名著も出している。その中で鶴見さんは、「田中美津は地生《じば》えの人だ」と言っている。

地生えとは凄い表現。確かにそうね。日本に地生した女だからこそ、思い付いたこと、できたことばっかりだもの、私のリブは。もう私自身が大衆そのもの。しかし、「わかってもらおうと思うは乞食の心」と「大衆性」はなーんの関係もないことだ。

長い長い年月、男に認められることが一番の価値となってきた女の歴史性。それだから、男に「わかってもらおう」と思うと意識無意識に相手に媚びたり迎合してしまいがち。「そこに、己一人だけ蜜をなめたいあたしが視えるからこそ、一度男から背を向けたところから出発せざるをえないあたしがいるのだ」(『いのちの女たちへ』)。

と、そんなせつない誇りと共に私(たち)は、「わかってもらおうと思うは乞食の心」と心中密かに呟いてきたのです。

しかし、自分にはリブはわからないということすらわからない男は、さらにこんな浅はかな分析をしてのける。

およそ四〇年前に田中美津が女性たちに強く支持された理由は、一に「男の論理」を拒否して、自分自身にリアリティのもてる闘いを提起したこと、二に服装が「カッコイイ」ものであったこと、三に幼児期に性暴力を受け、「血液検査で梅毒の陽性反応がでたことを強調しており、『性暴力の被害者』の象徴的存在とみなされていたこと」。

そう結論した後で彼は次のようにいう。「ただし、『性暴力の被害者』という田中のイメージは、当時の田中が選択的に作りあげたものだった側面もあったらしい」。なぜなら「九五年のインタビューでは『遊びみたいで楽しかった』と述べている」と。

オイオイ、「選択的に作りあげた」ってどういうこと？　当時私は五歳で、男はウチの従業員で、それゆえいつもの遊びの延長線みたいに思ってしまって……。「遊びみたいで楽しかった」というのは事実よ。

しかし、「それだから、後からひどく傷つくんだけどね。『私は被害者』のところにスッキリ立てない自分がいて、楽しんだ自分を罰し続けたの」。このインタビューはそう続くのだ。

それなのに「遊びみたいで楽しかった」の一言だけ切り抜いて、性的暴力の被害者だと吹聴することで田中はリブの賛同者を増やしてきた、といわんばかりの小熊の記述（ここはもう呼び捨てだ）。

この人、学校で習わない事柄にはひどく無知。特に女に関しては、もう悲しくなるほど無知である。それゆえこんな惑乱も。

同じ九五年のインタビューを元に、七一六ページでは前述のように、「『性暴力の被害者』という田中のイメージは、当時の田中が選択的に作りあげた」と得意げに解説。それなのに七四五ページでは一転、「田中自身も『「ああ悪い子になってしまった」って「罪の子」になってしまった』と思いこんだため、その後も『楽しんだ自分を罰し続けた』というのが実際の経緯だったらしい」と書く。田中美津は「性暴力の被害者」というイメージを運動拡大のために利用したのか、それとも「自分を罰し続け」て苦しんだのか、いったいどっちなんですか。

あぁ〜、まるでゴミ屋敷のような文章だ。

私はチビでブスだったのか、それともカッコよかったのか。考えをコロコロ変えるいい加減な女だったのか、それとも超マジメだったのか。文章が混乱してその程度のこともよくわからない。しかしいちいち追及してたら日が暮れちまう。ゴミは無視して前に進もう。

＊

被害者が女性の場合、「性暴力を受けた」とひと口に言っても、その内容はさまざまだ。見知らぬ男から突然襲われるケースもあるし、近所の知り合いや親しい友人、また肉親等から受けるそれもある。そしてもっとも深刻な被害は、たとえ僅かでも、加害者と気分や感覚の共有が生じた場合に起きやすい。

私のように幼いがゆえに行為の意味がわからなくて遊びだと思ってしまったり、性欲がもっとも強くなる思春期では、気持とは裏腹に身体的に反応してしまうということも起こり得る。

そのような場合、被害者は生涯を通じて、自分を罰し続けていきがちだ。自尊感情が充分に育たないために、安定した関係を周囲と築くことができない。また自傷に走ったり、切り裂かれた自分を価値づけようとするあまり過労死寸前の働き方をしたりと、自虐の人生を生きることになる。

「遊びみたいで楽しかった」という言葉の裏に広がる深い闇。私関係の資料を見れば誰でもわかるその闇が、なぜか小熊氏には視えない、わからない。

彼いわく、私は「超マジメ」な人間だそうな。

「超マジメ」だったから、「母があんなにも怒ることが楽しかったなんて」と、「二七歳になるまで自責の念に苦しんだ」。そう彼は解説してくれる。

アホか、ホンマに！　「超マジメ」であろうとなかろうと、性的暴力の被害者はみんなひどく苦しむんですっ。それに、なにが「二七歳まで苦しんだ」よ。

「存在の耐えられない軽さ」とは昔見た映画の題名だが、小熊氏の「田中美津論」は読めば読むほど、そんな感じに……。

過剰は粋じゃない

人は残酷さとやさしさを併せ持つ不思議な生きもの。学業は優秀、しかし人間に関してはひどく無知な男はそのことがわからない。だから、「田中が『不埒がいのち』とうたい、『ミーハー』を自称していたのも、いわば自己の『超マジメ』さを打ちけすための、反語的行為だったと推測できる。本当に『不埒』なミーハーが、自分自身を『不埒』『ミーハー』などと自称するケースはあまりないものである」とのたまう。フン、あまり無くてもあるのよ、ここに。

今から五年前のこと。紀伊國屋に行ったら店内で、大声で電話している女がいた。注意したら、少し声が小さくなったが、後から文句をいいに来てガナリ立て、そして急に身を翻した。翻しつつ私の足をすばやく踏んづけた。と同時に私の足がぴょーんと上がって、もう少しで女のお尻を蹴とばしそうに。幸いにも足が短くて蹴らずにすんだが。

あの、踏まれた瞬間ぴょーんとひとりでに上がってしまった足。あれこそ私が「不埒」な証拠。道理にはずれていることを「不埒」というが、はずれている者と互角に対抗できるのも根が「不埒」であればこそ。

「マジメでミーハー、不埒でもある」という人間が不可解なら、「田中美津論」なんてものに手を出してはいけない。その禁を犯した男はだから、読むのも疲れる迷走に次ぐ迷走の連続だ。

一七章の後半は「超マジメ」ゆえに流転する「田中」の半生が描かれている。田中は超マジメ↓それゆえ自責の念に苦しんだ↓「超マジメ」ゆえに、「マジメ」を嫌悪するようになる↓「マジメ」は田中にとって一種の批判用語になっていく↓自責の念がもたらす惨めな境遇から脱したいという願望から武装闘争に憧れ、赤軍派にアジトを提供したり、京浜安保共闘（のちに連合赤軍を構成）山岳ベースを訪れる。

「超マジメ」が限りなく捏造に近い誤読なら、「マジメを嫌悪した」もそう。私は「マジメ過ぎる」ことに用心深いだけよ。マジメ過ぎると視野狭窄《しやきょうさく》に陥りやすい。それゆえ考えが硬直したり、また他者を一方的に批判・糾弾しがちです。なにごとも過剰は悪。過剰は粋じゃない。

さて七〇年代過激派諸君。流転の合間に出会う彼らの登場で、いよいよ小熊氏の「田中美津論」イコール「ほとんど捏造」は、佳境に入っていくのです。

＊

その昔、旗揚げしたばかりのリブに、最初に近づいてきたのは新左翼の女たち。彼女らにとって新左翼は旧左翼だった。そこは「男も女もない、まず革命だ」という理屈で、女たちに雑用一切、時に性欲のはけ口まで押しつけて平気な場所だった。

男たちと一緒に闘って傷ついた女たちがまず来た。それ以外の女たちは海のものか山のものか見定めようとして、私たちを遠巻きにしていた。それゆえ「女性解放連絡会議」といったものを開くと、参加するのはほとんど学生の活動家で、中に中核や社青同といったセクトもいた。

私たちは運動の方向性を巡って厳しく対立。彼らは使い慣れた難解な新左翼用語を使って主張してくる。それに負けたくない私は彼らを牽制しようと、「世界革命」や「女兵士」といった言葉をビラに散りばめた。ケダモノって毛を逆立てて自分を大きく見せることで、相手に勝とうとするでしょ。それと同じことを私もしたわけね。耳から覚えた赤軍派用語を駆使して。

過激派との付き合い。きっかけは例の「安田講堂にこもった」赤軍派の若者に一夜の宿を提供したこと。以後ずるずると本郷三丁目の私の自宅は彼らのアジトみたいになってしまって……。

でもそれで、革命家気取りで大言壮語しているだけの男たちを、つぶさにこの目で観察できた。そもそもこんな国中が家族みたいな国で、非情な武力革命なんて無理なのよ。それも夢と現実の区別もつかないような幼い男たちの決起じゃ、ダメに決まっている。

リブ運動を開始する前の、一年にも満たない赤軍派との関わり。しかしそんな醒めた目を私が育てるには十分な時間だった。とはいえビラに散りばめた赤軍派用語は効き目抜群。私たちはセクトの跳梁《ちょうりょう》を許すことなく、主導権を握りつづけた。

そうこうするうちに、さまざまな女たちがリブ運動に参加するようになって来て、七一年八月の第一回リブ合宿の頃には、もう毛を逆立てる必要もなくなって「武装闘争」も「女兵士」もビラから自然消滅していった。

裏も表もない、ただそれだけのこと。それなのに小熊氏は、なんと二三ページも使って幻の〈武装闘争〉を追跡。しかしビラ以外にはどのような痕跡も見つからない。焦った彼はしないハズの取材まで敢行。ある研究会に行って元ウーマン・リブの方々に、「田中と武装闘争の関係」について執拗に尋ね回った。

しかし、ないものは出てきようがない。私の「世界革命」や「女兵士」、それらはいわば「春一番」の突風だった。セクトに勝ちたい一心の、吹いたら終わりの風だった。しかたなく彼は〈注〉に記す。「田中の武装闘争論は全く好まれておらず影響力がなかったことを示している」(笑)。

しかしそんなこととは別に、当時私は「革命」というものに密かな憧れを持っていた。七〇年代にデモや集会に参加した人たちの多くがそうであったように。その当時革命といったら、それは「暴力革命」のこと。しかし赤軍派を身近に見てからは、前述のように「とてもじゃないが無理」と思っていたし、それになによりも私にとって革命はエロスであり、祈りであった。

何をしていても、意識の深いところにもう一人の「私」がいる。「私」は五歳のままで、一人暗闇で泣いている。その「私」を抱きあげて、一挙に高みに引き上げてくれる白光の輝き。そんな救済というか、エロスが私にとっての革命だった。そんなポエムの世界を持たないと生きていくことが難しかった。そんな「私」を抱えながら、私はリブ運動の渦中に身を置いていた。

ミニスカートと中ヒールで……

ビラから過激な言葉が消えた七一年八月の第一回リブ合宿直後に、京浜安保共闘から電話が入った。待ち合わせの喫茶店に行ったら二人の女がいて、一人が永田洋子《ながたひろこ》（元連合赤軍中央委員会副委員長）だった。むろん彼女とはそれまで一面識もなく、新聞やテレビを通じて、銃砲店から銃を七丁盗んだグループの一員だということを知っていただけ。なんだかヤバいとは思ったが……。

ノーベル物理学賞を受賞した益川敏英さんは、「若い時は好奇心のおもむくままに、フラフラしてました」と語っているが、「永田と会う」なんていうフラフラは、向こう見ずな上に〈若いはバカい〉からできたこと。

永田が属していた京浜安保共闘は、学生主体の赤軍派と違い、核となったのは川崎近辺の労働者。ってことは、少しは地に足が付いている人たちなのかもしれないなと、以前から漠然と思っていた。

しかもトップは男でも、ナンバー2は永田洋子で、いわば彼女は「女革命家」を目指す人。そんなの見たことがない。この際この目で見てやろう、と思った。

一方永田たちは、あの時何を求めて私に接触してきたのだろう。明々白々、手足となってくれる人が欲しかったのよ。警察の包囲網は既に隙間なく張られていて、潜伏中の彼らは思うように動くことができない。それゆえ私に触手を伸ばして……。

しかしもとより非公然活動なんてする気は皆無。それで永田との初会合は、お互いひどく話が噛み合わないものになった。「田中さんはリズムにあわせてからだを動かすことの楽しさや性愛感情について語ったが、当時の私にはまったく関心のないことだった」と、回想記『十六の墓標』（彩流社）に永田は書いている。

彼らの苦手な話をして、万に一つも武装闘争に誘われることがないようにしよう。そう思って、それでダンスや性愛の話をしたのだけれど……。

七丁の猟銃で革命できると思っているのか、この人たちは。彼らは長年一途にやり過ぎたせいで、もう願望的にしかモノが見えなくなっている。

会ってみてそう感じた。それだから、革命以外にも楽しいことはあるよと伝えたくなって、それでダンスや性愛を話題にしたってこともある。噛み合わないは百も承知で。

非公然活動をしていると、次にいつ食事が取れるかわからない。だから自分たちは外食した際には残した料理は必ず持ち帰るようにしている、と永田が言った。ふっ、オバサンだな。初めて彼女に親近感がわいた。そして「私たちはある山の中で共同生活をやってます。見学に来ませんか」と誘われて、ムムッ、ヤバイついでだ。私はそこに行く気になった。

それから約一週間後に中央線の駅で待ち合わせて山に行った。丹沢ベースと呼ばれる所だとずっと後になって知った。木立の中のテントには、人柄の良さそうな若者たちが一〇人位いて、ニコニコ笑って迎えてくれたが、話はゼ～ンゼン弾まなかった。

いや、弾ませないようにしたのね。私は非公然活動の根拠地というのが見たかっただけ。山なのにミニスカートで行ったのも、「この女はダメだ」と、一目でわかってもらうためだった。

一泊二日の見学は、妊婦が一人いた、盗んだ猟銃を見た、そしておからが話題になったことくらいしか覚えていない。「おからは安いし栄養がある」と語る永田の口調がおかしかった。食べ残しを持ち帰る話に田中は一番反応したから、次はこのおからでと、妙にリキが入っていて……。

ここまで話したところで小熊氏再び登場。彼いわく、「なぜ田中は丹沢ベースで非合法武装闘争の話題に消極的だったのか。（略）丹沢ベースに行ってみて、田中は非合法武装闘争が、セックスやダンスのエクスタシーとは無縁の、禁欲を強いられる生活であることを知った。服装を重視する田中は、ミニスカートで丹沢ベースを訪れた」「おからを食べていると永田がいったとき、田中は『おからイコール革命的』と彼らが考えているとうけとった。（略）革命左派とて、おからが革命的だと思っていたわけではない。おからを食べていたのも、レストランの食べ残しを持ち帰っていたのも、長い逃亡生活と山中での生活で革命左派が貧困な食料事情に追いこまれていたからである。しかし何も知らない田中には、それはカッコ悪い『マジメ』な『オバサン』の行為としか映らなかったようである」

あぁなんてお粗末な解釈だろう。彼はなんだかアニメ「トムとジェリー」のトムみたい。捕まえたい相手はすぐそこにいるのに、あくまでつまらない自説にしがみついて、ビューンと駆け抜けて行く猫、いや小熊さん、彼はますます私から離れていくばかりだ。

＊

いったいこの本のテーマは何だろう。そしてどんな思惑から「田中美津」を、この最終章に登場させたのだろうか。

小熊氏は語る。高度成長によって、貧困・飢餓といった「近代的不幸」が解決される一方で、空虚感に悩んで生の手ごたえを渇望するという「現代的不幸」が産まれた。それに悩んだ若者たち（ベビーブーマー世代）は「政治」運動に自己表現の場を求めた。それが全共闘運動であり、また新左翼、べ平連、リブ等の運動だった。しかし、べ平連を除いてそのほとんどは、政治的効果より、「実存」と「実感」を求めるものだった。

「あの時代の若者たちの叛乱が遺した最大のものは、高度成長への、そしてその結果として出現した大衆消費社会への適応であったと考える」。だが、適応するためには、高度成長や大衆消費社会への反感が和らぐ必要があった。それに役立ったのが連合赤軍事件だという。

さぁ、いよいよここからが私の出番よ。

「田中の連合赤軍解釈は、高度成長によって開花しつつあった大衆消費社会の肯定につながっていった。すなわち、革命もファシズムも、新左翼も大日本帝国も、『義によって〈私〉を殺す』という禁欲主義で共通だという連合赤軍解釈の行きつく先は、ある意味で明らかだった。すなわち、『公』の『大義』や社会運動などよりも、『私』の欲望が優先されるべきだ、という論理が出現していったのである」

田中が発した「大義のために『私』を殺すな！」というメッセージは、「時代の勢いを促進する触媒役を果たしうるものだった」そうな。へー、私って凄いんだ。しかしここに素朴かつ、本質的な疑問が。

「大義のために『私』を殺すな！」のメッセージが載っている『いのちの女たちへ』は、初刷が確か三〇〇〇部程度。その後何回か増刷されたが、それでもタカが知れている。読んでくれたのは、極々一部の人だ。

そんな知る人ぞ知るといった本に、人々を大衆消費社会に向かわせるといった凄いことが、果たしてできたんだろうか。そんなお役目が果たせたとしたら、それって「奇跡」よ。そんな「奇跡」って小熊氏の妄想の中でしか起きようがない。

「本書では可能な限り複数の回想記や当時の報道などをつきあわせて事実にちかいと思われるものを記した」というのなら、私が触媒役を果たしたという証拠の資料を可能な限り提出しなさい！　だいたい「触媒役を果たした」ではなく、「果たしうるものだった」と書くところが既に怪しいが。

イヤリングと革命

永田洋子も、私みたいにマジメで、そしてミーハーだったらよかったのにな。彼女のことを思いだす時、私は最後に決まってそう思う。ミーハーとはなにか。私流の解釈では、自分の欲望や願望、快楽に忠実で、やりたいと思うことが横一列並びになるような人間だ。この、「やりたいことが横一列並びになる」というところがミソよ。

化粧には自分を励ます力もある。が、たいていは「綺麗なヒトだ」と、男や世間から思われたいがためにする。今から四〇年前はそうよ、そんな化粧が多かった。それゆえ当時、経済的な自立だけではなく、心の自立も手に入れたいと願った女たちにとって、「素顔」は○で、「化粧」は×。彼女らは「『素顔』で勝負！」を良しとした。

それに対して私は異議を。「化粧」が媚なら、「素顔」も媚だ、「媚」になり得る。素顔の女は知的で清楚、という男たちの思い込み。それがある限り素顔を武器に男をたらし込むこともできるのだから。
「化粧した位で消える生き難さなど、どこにもないは百も承知で、しかしそんな化粧でも、しないよりした方に、心の晴れを感じるのなら、したらいいと思うのだ。『わかってもらおうと思うは乞食の心』のむしろ旗さえ、確かに掲げ続けていくならば、その心意気の中にリブの生命があるのであって、素顔か化粧か、などということはどうでもいいことではないか」（『いのちの女たちへ』）
素顔と化粧は○と×でも上下の関係でもなく、横一列並び。素顔でも化粧でも「私は私」だ。
妙義山中では、イヤリングを着けながら銃撃の訓練に参加していたということで「総括」されてしまった女兵士がいた。「永田がもし毅然としている一方で、私もイヤリングを着けたい、イヤリングして革命して何が悪いのよって思っていたら、あの群馬山中での出来事は起きなかったかもしれない」（『かけがえのない、大したことのない私』インパクト出版会）。
＊
そう、もしイヤリングと革命が横一列並びであったなら……。

連合赤軍事件が起きた時、もう日本中が戦慄した。私も怯えた。その怯えの中には、「捕まるんじゃないか」という心配も。

私が永田に会って山に行ったことは権力にとうにバレていた。しかし彼らとは出会っただけでなに一つ協力しなかったから、罪名の付けようがなかったらしい。結局パクられずにすんだが、それは後日に判明したことだ。

当時私は大いに怯え、でも死にもの狂いで考えた。

マスメディアから連日鬼女扱いされている永田洋子。私も彼女が忌まわしい。嫌悪感で、もう息が詰まりそうだ。しかし顔見知りのその女は、いまメディアからいいようにリンチされている。それを震えながら見ているだけの、そんなお前でいいのか。

事件から僅か一カ月半後の、いまだ日本中がシーンと恐怖で静まり返っている中で、「永田洋子はあたしだ」という一文を私は書く。

「権力との期日迫った対決に備えて、〈どこにもいない女〉として、すなわち完全に政治的、革命的であろうとはやまったが故に、彼女はいまだ己以上に〈ここにいる女〉の影を色濃く宿す女たちを粛清《しゅくせい》せねばならなかったのだ。八カ月の身重《みおも》を、アクセサリーに執着する女を殺さねばならなかった。最後のその間際まで、〈どこにもいない女〉と〈ここにいる女〉の、その間で激しく切り裂かれるわが身を予感するからこそ、殺さねばならなかった。殺したのは彼女であり、殺されたのも彼女である」（一九七二年六月一日付『日本読書新聞』）

一人の女の中には、男や世間の目なんか気にしないで「素顔で毅然としていたい私」もいれば、「化粧して綺麗に見られたい私」もいる。また「あぐらをかきたい私」もいれば、好きな男が入ってくる気配を感じて、あわてて「正坐してしまう私」もいる。この二人の「私」の間でとり乱す〈ここにいる女〉の自分を否定して、「毅然とした私」になることだけを目指したなら、女はみんな永田洋子だ。つまりそれは〈どこにもいない女〉である（一方、「カワイイ私」になることだけを目指しても、それは別口の〈どこにもいない女〉ってわけよ）。

永田は、男並みを目指すには「女」であり過ぎたのよ。仲間の女の中に「切り捨てなければならない自分」を視てしまう。男のすなる革命、その大義に殉じる〈革命いのち〉の女、つまり〈どこにもいない女〉であろうとして、彼女は障害となる〈ここにいる女〉たちを殺してしまった……。

捨てきれなかった女性性

小熊氏がしきりに問題にする「大義のために『私』を殺す」。これは生産性や効率第一のこの（男）社会の暗黙の了解事項だ。

戦前は滅私奉公を求める軍隊で、戦後は高度成長を目指す企業で、そして非日常武装闘争を目指した新左翼で、その考えは常に重用《ちょうよう》されてきた。それがもとで、兵士たちはサイパンに送られ、社員は過労死するまで働かされ、新左翼の女たちは消耗品のように扱われてきたのだ。

そして連合赤軍の過酷な山岳キャンプでの暮らしも、その延長線上にあった。自己犠牲と禁欲で支えられてた革命の大義。「これから寒い冬が来るというのに、どうする気だろう？」。丹沢キャンプを見学した時、そう思ったことを覚えている。

キューバ革命を成し遂げた人たちは、一日の戦いが終わると、歌ったり踊ったり抱き合ったりして、日々英気を養いながら頑張ったといわれている。

「大義のために『私』を殺すな！」とは、「イヤリングを着けて革命して何が悪い」という主張だ。革命と、愛し合うことの、その両方を大事にしたいという主張である。それなのに小熊氏はお粗末極まる誤読を、この大事な結論部分でもやらかす。

彼は批判する。「大義のために『私』を殺すな！」と主張することは、『革命の大義』を否定することだ」と。

「そ、そうかなぁ？」と首をひねっているうちに、田中は「革命の大義」を葬り「私」の優先を説いた↓社会運動を私生活より優先することを徹底的に批判した↓人々を大衆消費社会に向かわせる触媒役を果たした……という具合に話はどんどんエスカレート。あれあれ、トムは一気に走り去っていく。

繰り返すが、「大義のために『私』を殺すな！」とは「革命」が◯なら「イヤリング」も◯よ、「大義」も「私」も両方大事という主張である。もちろん、「大義」の内容と、それを実現する方法が問題だ。そのことを留保した上で、「大義」と「イヤリング」は両方大事と、私は今でも思っている。

「大義」とは「私たちはどのような社会を良しとするのか」ということに関わることで、「イヤリング」とは「この今生きている幸せであり喜び」だ。

＊

『「彼女たち」の連合赤軍』（角川文庫）で大塚英志さんは言う。「糸井重里でも上野千鶴子でもいいのだが、八〇年代消費社会を主導した人々の出自を考えたとき、彼らが総括死しなかった連合赤軍の人々であったことは明らかだ。（略）特に永田の手記にちらつき、彼女自身がうまく言語化できないでいる男性支配的な価値への生理的な違和は、八〇年代に上野千鶴子らによってフェミニズムと名付けられ、同時に女性たちの消費社会的ふるまいや欲望を肯定していくことになる感覚（略）と共通のもののように思えてならない」。

国際婦人年（一九七五年）の始まりとともに、フェミニズムはウーマン・リブに取って代わった。晴れて世界の国連が女性解放を後押し。お役所は男女共同参画社会の旗を振り、マスメディアはフェミニズムにすり寄った。かくして学問としての〈フェミニズム〉と、メディア主導の〈フェミニズムらしきもの〉が全盛に。八〇年代消費社会の隆盛に寄与したという栄誉？は、どう考えてもウーマン・リブより、この二つのフェミニズムに与えられなきゃおかしい。特に後者に。

＊

私は今でも連合赤軍関係の書籍や映画が怖い。前述の『「彼女たち」の連合赤軍』を読んだのもつい最近だ。それは、事件から三七年後に初めて私が読んだ連合赤軍関連本で、ま、それなりに共感できた。

それも道理、「『女性』である自己を受容できない永田が、『女性性』を嫌悪する森と奇妙な共闘を結んだのが、連合赤軍事件の不可解な構図であった」とする大塚英志さんの「永田洋子論」。それって私が事件の一カ月半後に書いた「永田洋子はあたしだ」と目の付けどころが同じだ。でも「受容できない」は正しくない。永田は「女性」である自己を切り捨てきれなかったのよ。あの事件はそれゆえ起きた。そこが、せつない。

目の付けどころは同じ。それなのにウーマン・リブは彼の本には一切出てこない。私こそ彼言うところの「総括死しなかった連合赤軍の人」なのに、ね。「自分の欲望や願望、快楽に忠実」で、「やりたいと思うことが横一列並びになる」ことを肯定する私のミーハー感覚。それが糸井さんや上野さん、そして八〇年代消費社会につながり得るものであったことは認めます。

が、「田中は『大義』や社会運動よりも『私』の欲望を優先させることで、大衆消費社会への触媒役となった」という小熊氏の妄想的結論。それには「いい加減にしてよっ！」の一言あるのみだ。

『1968』を完読した友人は、「これだけの分量を書いて、結論はあの時代の運動が消費社会への道を開いたというだけ？　という徒労感が強かった」と。

今やその結論さえも危うくなってる『１９６８』。しかし小熊氏はこれからも「冷徹に時代を読む学者」として、もてはやされていくのだろう。

「かつて『帝国主義大学解体！』と叫んだあれは何だったのか」と、この、ムダに分厚い本は問う。でも、あれが何でもなくてよかったんじゃないの、いまだに「肩書バンザイ！」の世界で。

ねぇ小熊サン。

IV

人はただ生きているだけでいい

「市民シンポジウム『次世代にどのような社会を贈るのか?』」二〇一六年四月一六日、私71歳

さて、これからどんな社会にしていったらいいかというお話に、私も加わらせていただくのですが、その前にここ(東京大学)のおトイレについてひとこと言いたいことが。会場にいらしてる女性の方々、あのトイレ、行かれました? 気になりませんでしたか、あのトイレの照明。〝お前の真実を知れ〟と言わんばかりの、ギラギラ明るすぎるあの照明。せっかく時間をかけて隠してきたシワとかシミとかが、全部バレてしまうような明るさの中で立ちすくむ、鏡の中の私。

あんな照明って電気の無駄だし、優しくないから、この頃は少ないんですけどね。おかげで私はガクッと自信をなくして、この席に戻ってきました(笑)。真実だけが力を与えるわけではなくて、嘘も時には力を与えるんだという、人間のそんなことも分からないような人が建物を建ててはいけないと、改めて思いました(笑)。

さて気を取り直してもう少しマシなお話を。私は鍼灸師です。三三年間鍼灸の治療で食べてきました。鍼灸師って本当にいい仕事。なぜって一対一で人と関わることができるし、他から何を言われようが、目の前のこの人さえ治せば食べていかれる。人間が好きで、自由が好きな私には、非常にありがたい仕事です。

ウチの治療院の特徴は、長く来てる患者が多いという事。治らないからじゃないのよ（笑）。どこまで自分のからだは変わっていけるんだろうという関心で一〇年、一五年と来てる人がほとんどで。「喜びも悲しみも幾年月」という映画が昔ありましたけれど、いわばそんな感じで、患者と手をとり合ってポクポクと歩いてきました。

でも、三三年間もやってると、中には亡くなってしまう人も出てきます。どうもこの頃元気がないとか、腰が痛いとかの悩みから来るわけですから、もちろん病院みたいには死なない。でも三三年の間に、二人ほど助けることができなかった人がいました。

その一人はすごく人柄のいい保母さんで、歳は五〇過ぎ。優しくて、よく気がついて、さりげなく若い同僚を助けてあげてて。保母という仕事だけでも大変なのに、共産党の方でしたから、終わるとまた何だか世の中を良くするための会合に出かけて行く……という人でした。

しかも連れ合いと二人の息子のために夕食は必ず四、五品並べるという生活を、当たり前のようにしていました。そういう人をまあまあいい感じで治療して来たんですね。月に一、二度の割合で二五年位来てくれてて。それにしては気の流れがあまり良くならないなぁと思ってましたが……。

死とは、気（生命エネルギー）が流れなくなった状態ですから、東洋医学においては気の流れというものは凄く重要。でも彼女の場合、ハードな毎日をこなす元気は一貫してあったし、保母さんだからきちんとした健康診断を毎年やってて、それにも悪い数値は一切出ないので、ハリを刺しながら気の流れがイマイチだなぁと思ってましたが、まあまあいいんじゃないかと思ってました。

ところがなんと、六〇歳定年で保母さんを辞めて半年くらい経ったら癌だと分かった。それもかなり末期で……。まもなくお亡くなりになってしまいました。

それから一五年近く経ってますが、いまだに彼女のことを思うと胸が痛いし、納得がいかない。こういうことはよくあることだよ。頑張り屋は、常にアドレナリン全開で頑張っているから、そういう人はもう頑張らなくともいいとなると、急にヘナヘナとなって『えっ、あの人が』というふうな顛末になりやすい……という話はよくあることです。

でもね、アドレナリン全開のがんばり屋は世の中にごまんといる。ごまんといるのに、なぜ彼女が死なねばならなかったのか。頑張った果てにヘナヘナになって病気になったり鬱になったりするが、何とかその時期をやり過ごして、八〇、九〇と元気に生きる人もいるのになあ、と。どうして彼女は六三歳で終らなければならなかったのか。

いのちについて考えると、人間の力を超える大きな存在、例えて言えば〝天の力〟というようなものをどうしても考えてしまいます。この道ひと筋三三年間、ずっといのちと一対一で向き合って、患者からいろんな話を聞いたり、また亡くなられてしまったり……という体験を重ねていくと、いのちというものは、人間を超える力として働くものなんだなと思わざるを得ない。

人は病気で死ぬだけでなく、交通事故で死ぬ人、戦争で死ぬ人、災害で死ぬ人等いろいろです。また年をとった人から死んでいくわけでもないし、虚弱な人から死んでいくわけでもない。この間の地震なんかで死んでしまった人は、今頃天国で「あれっ、なぜ私が？」とすごく驚いているんじゃないかと思うのね。「なんで私が死ななきゃいけなかったの」って。

古い家に住んでいたから、天井が落ちて死んだんだと分かっても、同じように古い家でも天井が落ちない家もある。「なぜ私なの？」の「なぜ」に答えられる人はいるのだろうか。人々のなぜ？を鎮めるために宗教が生み出されたと言っても、そう間違いではないような……。

生と死はワンセットです。なぜ自分は生まれたのか。セックスをしても子どもができない場合もあるから、女親と男親がセックスをしたから生まれたのだよという答えでは一件落着とはならない。なぜ私は生まれたのか。その家に、男として、女として、このようなからだ、気質を持って……。そういう者であることの一切に、「天の力」としか言いようがないものが絡む。そしてそれは死ぬ時も同じです。

いつ、どこで、どんなふうに自分の人生が終るか一切、私たちにはわからない。わかっているのは、「今生きていること」と、「今が、生きてるということの総てなのだ」ということだけです。確かなのは今生きているということだけ。誰も明日はわからない。いや、明日どころか、次の一瞬ですら、わからない。

言ってみれば私たちは、「選べなかった自分」を生きていくしかない者たちです。思えば、うちの猫もおたくの犬も縁の下の虫も五月蠅いカラスも、生きものはすべてその点では同じ。「なぜか生まれていて、そして、いつか死ぬ」という事しかわからない。あらゆるいのちがそうなのです。

そんなこと、わかりきったことではないか……と思われる方がいるかも知れない。では聞きますが、これほど普遍性のあることって他にあるでしょうか。いのちという観点から見たら、生きものはみな、たまたまそういういのちとして生まれたにすぎず、そんな「選べなかった自分」を、嫌もおうもなく生きていくしかない者として、私たちはある。

そういう意味であなたと私は横一列。女も男も、子どもも大人も、若者も年配者も、障がいを持っている人も持たない者も、猫、犬、虫やカラスも、みな横一列のいのちなのです。それゆえ、あなたは私だったかも知れない、私はあなただったかも知れない……という世界に、人はむろん、すべての生きものは生きているのです。

世界では絶え間なく紛争が起きています。先ほど伊勢崎賢治さんがおっしゃったように、「we」と「other」の宗教的、政治的違い、経済的争いからいろいろな紛争が起きている。「we」と「other」、その考え方も悪いことばかりではないと思います。己れをはっきりさせる力にはなっていくでしょう。でも、はっきりした自己に固執したり、絶対化することで、民族間に紛争が起きたり、隣国とうまくいかなくなることも事実です。

そうであるならば、あなたは私であるかもしれない……といういのちの根源に立ち返った考え方を自分に持つということは、無駄ではないかも知れないと私は思うのです。

シールズの活動に参加しているある若者がこんなことを言ってました。下手に正義を掲げて突っ走ってしまったら、すごく偏った人間になってしまうかも知れない。だから半分靴紐がほどけていて全力では走れなくて、仕方なくだらだら歩いているぐらいがいいのかも知れない、と。

そうね、そんなふうにゆっくり歩けば、周りの人も自然もよく見える。そして私たちは、見えるものから多くのことを学ぶことができる。

靴紐がほどけてだらだら歩くというそのイメージは、あなたは私かもしれない、私はあなたかもしれない、という思いに近い。

それは緩やかな、私と他者を結ぶ見えない絆になっていく言葉です。

生きると死ぬに関しては、この世界のすべてのいのちは等しく一つの方向を向いている。この世のいのちが総てそういうふうに造られているということ、そこには何か深い「天の意思」というようなものが関与しているように思えてなりません。

次世代に何を贈りたいか、ということですが、生きていく上で決定的ともいえる、生国も、家も親もからだも顔も才能も何一つ選ぶことができない私たち。誰もがそんな「選べなかった自分」の大変さを背負って生きている。

そうであるなら、人はただ生きているだけでいいのではないか。どの人もそれで十分ではないかと、私は思うのです。そしてその考えが世界中で広まって欲しい、と。なぜなら障がい者差別も他の差別も、そういう考え抜きに無くすことなどできないのではないかと思うからです。

世界には、まだ名前も付いてないのに殺されてしまう子どもさえいます。また私たちはともすれば人間のいのちばかりに目が行きがちですが、ドンドン減り続けている森林、そこに生えてる草やそこで生きてる虫やケダモノ、鳥たちのいのちは「we」と「other」がそれぞれ正義を掲げてドンパチしているうちに、どんどん失われていってます。

彼らと私たちのいのちは横一列。黙って滅んでいく彼らは、明日の私たちではないでしょうか。

私たちは共に、大きな力の元で生きている小さな生き物なのだということ、そして人はただ生きているだけでいい、十分だ……ということを、私は次世代にゼヒ伝えていきたいと思ってます。

（二〇一六年四月一六日「市民シンポジウム『次世代にどのような社会を贈るのか？』」テーマ「隣人とど

う付き合うか、生命との関わりのなかで」東京大学弥生講堂一条ホール、主催・日本生物地理学会）

あとがき

五〇歳を過ぎて、ふと気がついた。そういえばこの頃性欲感じないなぁ……。そのことをさほど無念にも思わずに過ごしていたら、心の野っ原がなんとなく広々としてきて……。男たちとの関係が、放課後に共に自転車で駆けずり回ってた小学生の頃みたいな、ノビノビと気楽なものになってきた。

「たぶん、ものごとをだめにしちまうのはセックスなのさ」(『罪深き誘惑のマンボ』ジョー・R・ランズデール)って、当たらずとも遠からずなのかもね。だめにしちまわなくとも、物事を面倒なものにしがちだから。

「明日は生きてないかもしれない」という気づきがリアリティを持ったのは、七〇を過ぎてから。女の場合性欲はだいたい五〇を境になくなっていくから、みんなイヤでも喪失に気がつくが、「明日は生きてないかもしれない」という気づきは人による。

私の場合、「誰も明日はわからない、今が総てだ」という気づきは二〇代、いや一〇代のころからあったような気がする。しかしそれが真にリアルなものとなったのは、一層疲れやすく、また食も細くなってきた、ここ数年のことだ。
○が×へ、×が○への変転はこの世のことわり……と思ってきたが、歳取るってことだけは別だわ。足は弱るしシワは増えるし記憶力は衰えていくしで、みんな年取ることを怖がるわけよ。この×だけは○になりようがない。と、わかったような気でいたら、あれ、ちょっと待てよ、と。
そうか、そうなんだよなぁ。生きものはみな、たまたま生まれ、そして明日生きているかどうかわからないという定めを生きていくのだ。つまり私の人生は今日限り……ということは今日だけ、今だけ生きていけばいいということよ。

どんな黒雲も、裏は銀色。体調不良で鬱々としてる時でも、「そうだ、明日は生きてないかもしれないのだ」と思うと、私を縛り付けてた何かが、ふあーっと緩む。顔だって緩むから、おかげで笑顔の多い後期高齢者になれそうな……。

駅の階段上がるのもきついのに、今日だけの私は、ホイホイヨレヨレ辺野古に駆けつけ、そして四三歳にして行き暮れてる息子に、大丈夫、「お前のままでいいんだよ」と心の底から思う。この今が総てなら、なに余計に望もうか。

ホッホ、なんだかいろんなことが、うまく間に合ったって感じだわ。

この本もそう。実はこの本、五年前に出るはずだった。それが嬉野京子さんが撮られたあの有名な写真――「米軍トラックに轢かれ放置されている沖縄の小さな女の子」をたまたま目にしてガーン。

沖縄の苦しみにあまりにも鈍感だった自分にようやく、ようやく気がついて……。昔も今も、気づいたら、目覚めたらまっしぐら、それが数少ない私のいいところ。もう、本を出そうとしてたことなんてスッポリ忘れて、ここ数年はひたすら辺野古へ、辺野古への一心で生きてきた。

そんな一心不乱がために止めていた息、ある時それをフーッと吐いたら、そろそろ本づくりを頑張らないと、体力的に難しくなることに気がついた。

この自分勝手な女を待ち続けてくれたインパクト編集長の深田さん、この本は彼の変わらぬ熱意というか執念抜きにはできなかった。本当にありがとうございます。

素敵な装丁は宗利淳一さんが手がけてくださったそうな、これまた深謝。

そして読んでくださったあなた、あなたには感謝の投げキッスを、私はもう一〇回くらいしてるんだよ。届いているかしら。

かの竹信三恵子さんが言うには、田中美津は「人を自由にする力」を放射してる、と。

ホント?! そんな力、もし私が持っているなら、うれしい限り。この本からも、それ、出てるといいなぁ。

さて奇特な話。七六歳の歩く破天荒を映像にしてみたらどんなかしらと思った人がいた。そして四年近く私を撮り続けてついに映画「この星は、私の星じゃない」（監督・吉峯美和）が完成。この秋にはまず渋谷・ユーロスペースで公開。次いで横浜シネマリン、大阪シネ・ヌーヴォ、神戸元町映画館、京都みなみ会館、松本シネマセレクト、鹿児島ガーデンシネマ、沖縄桜坂劇場でも上映される。

どんな映画なのかなぁ。ブスに映っていたら厭だなぁ。でも、たくさんの人に見てもらいたいなぁ……と珍しくクネクネと煩悶している私です（笑）。


（本書掲載論考中、初出のものに現時点で改稿したものもあります）

田中美津（たなかみつ）
1943年東京に生まれる。
現在、鍼灸院れらはるせ主宰
著書
『いのちの女たちへ—とり乱しウーマン・リブ論』田畑書店、1972年、河出文庫、1992年、新装版・パンドラ、2001年、新版・パンドラ、2016年
『何処にいようと、りぶりあん—田中美津表現集』社会評論社、1983年
『美津と千鶴子のこんとんとんからり』上野千鶴子氏との対談、木犀社、1987年
『自分で治す冷え症』マガジンハウス、1995年
『いのちのイメージトレーニング』筑摩書房、1996年、新潮文庫、2004年
『ぼーっとしようよ養生法』毎日新聞社、1997年、三笠書房、2003年
『新・自分で治す冷え症』マガジンハウス、2004年
『かけがえのない、大したことのない私』インパクト出版会、2005年
『この星は、私の星じゃない』岩波書店、2019年

明日は生きてないかもしれない……という自由

2019年 11月10日　第1刷発行

著　者　田　中　美　津
発行人　深　田　　卓
装幀者　宗　利　淳　一
発　行　インパクト出版会
〒113-0033　東京都文京区本郷2-5-11　服部ビル2F
Tel 03-3818-7576　Fax 03-3818-8676
E-mail：impact@jca.apc.org
郵便振替　00110-9-83148
カバー写真＝映画『この星は、私の星じゃない』（吉峯美和監督）©2019 パンドラ＋BEARSVILLE より
モリモト印刷